Illuminée Kanazayire

Gratter où ça fait mal

AF156424

Illuminée Kanazayire

Gratter où ça fait mal

Témoin et outil de guérison communautaire des
blessures de la vie

Presses Académiques Francophones

Impressum / Mentions légales
Bibliografische Information der Deutschen Nationalbibliothek: Die Deutsche Nationalbibliothek verzeichnet diese Publikation in der Deutschen Nationalbibliografie; detaillierte bibliografische Daten sind im Internet über http://dnb.d-nb.de abrufbar.

Information bibliographique publiée par la Deutsche Nationalbibliothek: La Deutsche Nationalbibliothek inscrit cette publication à la Deutsche Nationalbibliografie; des données bibliographiques détaillées sont disponibles sur internet à l'adresse http://dnb.d-nb.de.

Coverbild / Photo de couverture: www.ingimage.com

Verlag / Editeur:
Presses Académiques Francophones
ist ein Imprint der / est une marque déposée de
OmniScriptum GmbH & Co. KG
Heinrich-Böcking-Str. 6-8, 66121 Saarbrücken, Deutschland / Allemagne
Email: info@presses-academiques.com

Herstellung: siehe letzte Seite /
Impression: voir la dernière page
ISBN: 978-3-8416-2221-1

Gratter où ça fait mal!

Témoin et outil de guérison communautaire
des blessures de la vie

par

Illuminée KANAZAYIRE

Table des matières

Je dédie ce livre

à toute ma famille, pour son affection inépuisable

et son soutien indéfectible;

à mon professeur Simon Gasibirege

ainsi qu'aux ouvriers de la première heure

qui se sont dévoués dans le travail de guérison des blessures de la vie

de la communauté rwandaise.

Prologue

Par leurs témoignages, les rescapés du génocide des Tutsis du Rwanda en 1994 racontent comment ils essayaient de fuir et de se cacher. Ils faisaient promesses sur promesses à Dieu pour que leur vie soit épargnée. Mais quand malgré tout ils voyaient leur fin approcher, ils imploraient leurs bourreaux pour ne pas être tués à coups de machette mais par balles et donc mourir d'une mort plus rapide. Oui, c'est vrai, les gens ont tout fait pour préserver leur vie, extrêmement menacée pendant cette période.

Survivre à ces moments périlleux relevait, semble-t-il, de la chance. On peut se demander, maintenant comme alors : « Qu'en est-il de la condition psychologique des personnes ayant vécu de telles massacres? » Les survivants peuvent aussi se le demander, eux qui ont pu survivre alors que tant des leurs ne l'ont pas pu et ne sont plus. Et combien se sont sentis perdus, accablés, comme suspendus, perdus dans le vide, se voyant incapables de retourner chez eux parce que l'horreur y régnait en maître!

Je puis le confirmer, pour l'avoir moi-même vécu, que le travail de guérison de ces blessures ne se fait que progressivement, doucement, discrètement, et ce, dans un endroit qui permet de pleurer, de gémir, d'y vivre pleinement ses émotions; dans un lieu où l'on se sent entouré et soutenu par des personnes qui vous le permettent. Parce qu'elles vous comprennent et vous aiment.

Parce qu'aussi, entre un visage fermé camouflant habilement une souffrance profonde et ce même visage capable à nouveau de s'illuminer d'un sourire pouvant exprimer la joie et la paix du cœur retrouvées, tout un processus prend place.

C'est d'un tel cheminement que je veux parler. Pour que les gens apprennent et comprennent tout le travail de guérison qui s'est fait et qui continue de se faire dans la communauté rwandaise surtout, mais aussi ailleurs.

Les accompagnateurs de ce cheminement ont été des outils, mais également des témoins de cette transformation qui s'opère quand une personne se relève de l'abîme de la souffrance et se remet à marcher à pas assurés sur les chemins de la vie. À mon tour je veux être outil et témoin.

Beaucoup de livres ont été écrits pour raconter les horreurs du génocide, de la guerre et de l'exil. Je voudrais que celui-ci démontre qu'il est possible de s'en relever; qu'il est aussi réalisable de vivre en paix avec son histoire « avec ce qui est arrivé ». Je veux relater et démontrer dans ce livre et par ce livre, le triomphe de la vie sur la mort.

Les récits que vous y trouverez en sont des preuves.

Certains des noms mentionnés sont réels. J'ai obtenu la permission de les utiliser. D'autres sont fabriqués pour préserver la vie privée des personnes.

Certains passages racontés sont atroces. La réalité est parfois sans pitié. Je ne fais que la rapporter telle qu'elle s'est déroulée et vécue.

L'auteure

« Dans tes veines, dans les miennes, il ne coule qu'un seul sang.

Et c'est la même vie qui nous anime tous!

Puisqu'une même mère nous a tous engendrés,

où avons-nous appris à tant nous diviser? »

Kabir

Il était une fois une maison ici

Gitagata est un village du Secteur de Nyamata dans le district de Bugesera. Avec des collègues, nous empruntions le chemin qui longe ce village pour chercher des enfants orphelins, rescapés du génocide des Tutsi du Rwanda de 1994. Je venais de trouver du travail dans une organisation internationale, « World Vision ». Nous identifiions ces enfants recueillis dans des familles en vue de leur prise en charge. Ce village n'était plus que brousses et euphorbes devenues très hautes faute de soin. Ce qui indiquait qu'il y avait eu des maisons à cet endroit. Chaque parcelle pouvait raconter sa propre histoire qui était aussi l'histoire commune de ce petit village abandonné.

Après les récoltes de sorgho, de haricots et de maïs qui avaient été exceptionnellement bonnes dans tout le pays, les mauvaises herbes régnaient en maître dans ces champs dont les propriétaires étaient soit morts, soit en exil.

Ce village me rappelait celui de mon enfance. J'ai toujours côtoyé des cultivateurs. Je participais aux travaux de récoltes qui se passaient surtout pendant les vacances scolaires. Nos champs étaient à côté d'une école où j'ai fait mes études primaires. Quand maman cultivait, elle pouvait aussi suivre ce que les instituteurs enseignaient. Un soir elle nous répéta les terminaisons de l'imparfait de l'indicatif« ais, ais, ait, ions, iez, aient » qu'elle avait retenues tout en cultivant.

C'est seulement au Bugesera que j'ai appris à aimer tout simplement un champ cultivé, après avoir contemplé la désolation d'un champ abandonné. Un champ cultivé symbolisait le retour de la vie. Ce retour se faisait très timidement puisque les rescapés n'osaient pas revenir habiter leurs terres. Trop de mémoires, trop de douleur, trop de sentiments mêlés. Ceux qui osaient s'aventurer sur leurs terres pendant la journée n'en labouraient qu'une petite étendue, comme si, au milieu de l'activité, ils se demandaient pourquoi ils le faisaient. Beaucoup disaient qu'il n'y avait plus de raison de cultiver puisqu'il n'y avait plus d'enfants à nourrir ni de familles avec qui partager.

Ces petites étendues au milieu de la brousse faisaient la fête des oiseaux. Mais la vie reprend toujours le dessus. Aujourd'hui toutes les terres sont regroupées ensemble pour que les cultures soient appropriées à chaque région. Les vastes plantations de maïs et aussi les bananeraies font plaisir à voir. Mais pouvoir reprendre goût à la vie demande des efforts extraordinaires. C'est ce que j'ai constaté au début de mon service avec « World Vision ». Les gens que j'ai côtoyés se sont tout simplement « retrouvés » en vie. Ils n'y croyaient pas. Il y en a même qui disaient qu'ils vivaient dans l'illégalité puisqu'ils devraient être morts comme les leurs. Alors ils se sont mis à vivre au jour le jour, souvent avec des plaies qui avaient du mal à se cicatriser, certains avec des membres amputés, avec des cous qui ne tenaient plus que par miracle, d'autres avec un corps fragile, ouvert à toutes sortes de maladies parce que mal nourris. Ces personnes avaient pourtant demandé à Dieu de préserver leur vie, mais ils se retrouvaient maintenant, ne sachant plus qu'en faire.

Nous voici à quelques années après le génocide des Tutsi du Rwanda. Beaucoup de livres ont été écrits sur ce génocide. Pour aider le lecteur moins informé à mieux comprendre la situation, permettez-moi de citer Dominique Payette (2004) dans ce qu'elle a nommé, le droit de tuer.

« La mise en œuvre du génocide commence moins d'une demi-heure après la chute de l'avion présidentiel qui transportait notamment le président rwandais, le major-général Juvénal Habyarimana. La garde présidentielle et d'autres troupes commandées par le colonel Bagosora bloquent les rues de Kigali et autour. Les soldats font descendre les passagers, vérifient les papiers d'identité, entraînent à l'écart certaines personnes. Parallèlement, la garde se rue sur les membres des partis d'opposition après avoir rassemblé dans son camp tous les ministres et hauts fonctionnaires de la mouvance « *Hutu Power* ».

Pendant que les tueries se déroulent à Kigali, le colonel Bagosora tente de négocier sa prise de pouvoir de l'État avec les autres officiers supérieurs de l'armée et auprès des représentants des Nations Unies. Ses demandes sont rejetées, mais on entérine le gouvernement de mascarade formé d'extrémistes ethnistes qu'il propose. Dix soldats belges sont tués à Kigali dans leur cantonnement où tentaient de se réfugier des personnes menacées. Les étrangers quittent le pays et ferment les ambassades. L'organisation du génocide se précise le 11 avril au cours d'une réunion des préfets. Les appels à la haine à la radio se multiplient.

Le 12 avril, il apparait clairement que les Nations Unies n'interviendront pas et retireront même le mince effectif encore en place. Le 15 avril, les meurtres politiques sont terminés. Le 16 et le 17, des changements interviennent dans les rangs de l'armée et des préfets, notamment à Butare, seconde ville du pays, où le préfet et le directeur de la police sont limogés pour avoir appelé la population au calme.

Les ordres passent du premier ministre aux préfets et des préfets aux bourgmestres qui donnent finalement les consignes à la population. La machine à tuer est en place. Le vocabulaire est uniforme : le meurtre devient « le travail », les armes et les machettes s'appellent partout « les outils ». L'incitation au meurtre viendra toujours d'en haut, de l'élite composée de gens instruits de l'administration locale ou de la gendarmerie, de l'armée ou de la milice. Néanmoins les crimes les plus nombreux ou les plus cruels n'ont pas forcément été commis par les hauts placés dans la hiérarchie. L'ambition, le zèle et l'initiative dans les tueries étaient largement encouragés et de nombreux subordonnés ont commis des crimes bien plus horribles et plus nombreux que leurs dirigeants eux-mêmes.

Le 19 avril, les miliciens des Interahamwe déferlent sur Butare après un discours incendiaire du président Sindikubwabo et du premier ministre Kambanda. La ville cède rapidement. Après cette « chute » de Butare, reconnue pour être peu sensible à l'ethnisme, tout ira très vite dans le reste du pays. Les massacres deviennent systématiques. »

José Kagabo, cité par Dominique Payette, se demande si le plus dur n'est pas de faire la différence entre « les grands coupables et les petits coupables ». « Dans les mots d'ordre donnés par les penseurs du génocide, il n'y avait pas de mode d'emploi. Si l'un a mis toute son intelligence dans la conception, l'autre n'a-t-il pas consacré son génie à trouver la forme de la mort qu'il souhaitait donner? »[1]

Ceci explique les blessures des communautés dans lesquelles nous travaillions. Beaucoup de gens étaient morts, tués par leurs voisins, ceux qu'ils considéraient comme leurs amis. Dans leur volonté de survivre, ils avaient cherché refuge chez les voisins les plus proches, chez leurs parrains ou filleuls, chez la belle-famille mais s'étaient vus repoussés ou signalés aux tueurs. Des femmes Hutus qui avaient épousé des Tutsis tentaient de retourner chez elles pour y cacher leurs enfants si ceux-ci n'avaient pas péri avec leurs pères, mais elles se voyaient repoussées et souvent leurs enfants mouraient sous les coups de leurs oncles maternels. Ce comportement étant pratiquement impossible à comprendre, il s'ensuit que les souffrances psychologiques qui en résultent sont très difficiles à guérir.

J'ai mis beaucoup de temps à pouvoir saisir certains points et situations. Quand nous travaillions avec les enfants seulement et que nous pouvions leur distribuer des vêtements ou leur dispenser toute autre forme d'aide matérielle, nous organisions d'abord des rencontres dans les secteurs et les cellules dans lesquels nous travaillions. Ces rencontres s'organisaient

---

1 Payette, D. La dérive sanglante du Rwanda. © Les Éditions Écosociété, 2004, p. 16

pour expliquer les activités planifiées. Les secteurs qui hébergeaient beaucoup de rescapés ne se présentaient pas. Il nous était donc difficile d'y travailler. Nous devions y retourner plusieurs fois, ce qui handicapait le travail. Ils avaient pourtant recueilli beaucoup d'orphelins et même s'ils vivaient de façon précaire, ils ne répondaient pas à ceux qui voulaient leur venir en aide. La motivation à participer pleinement à la vie n'était tout simplement pas là. Il fallait autre chose pour la ranimer. C'est ce qui a d'ailleurs motivé l'organisation « World Vision », à réfléchir un peu plus sur ce qu'il pouvait faire d'autre, puisque les maisons qu'elle leur avait construites restaient inhabitées et les semences consommées.

« World Vision » s'est rendu compte qu'il y avait un aspect très important qu'elle n'avait pas abordé : l'aspect psychologique de la souffrance. C'est à ce moment-là qu'elle a fait connaissance avec Docteur Simon Gasibirege, un Rwandais qui venait de rentrer au pays après plusieurs années d'exil. Il venait d'introduire une approche nouvelle au Rwanda : les ateliers de développement personnel.[2] Il a commencé par former les employés de "World Vision" parmi lesquels il a constitué un groupe de facilitateurs dont je faisais partie. Puis « World Vision » a continué son travail dans la communauté.

Il y a des situations qui appellent vraiment au secours : les infrastructures détruites, les hôpitaux qui débordent, les champs tournés en broussaille, les gens mal logés et mal nourris… Il faut reconstruire les

---

2 C'est un ensemble fait de trois sessions : le deuil, la gestion des émotions et le pardon. Ces ateliers s'inspirent de la théorie de l'Analyse Transactionnelle.

maisons, les hôpitaux, les ponts, les écoles; donner des semences, des habits, des soins de première nécessité. Les souffrances psychologiques internes ne sautent pas aux yeux. On ne les remarque pas immédiatement. Les bienfaiteurs pensent avoir tout fait, puis constatent par la suite qu'un tsunami caché a fait des ravages parfois très profondément et qu'il faut conséquemment « gratter là où ça démange », pour reprendre l'expression de Tony Rinuado.

Je me rappelle le temps de mon enfance où les personnes âgées demandaient aux enfants de leur gratter le dos. L'enfant se mettait alors à le gratter, ne sachant pas où le faire exactement. Alors il s'entendait dire :

« Non! Pas là. Va un peu plus haut. Non. En bas. Non! Plus à gauche. Non! Remonte un peu plus haut. Voilà! Tu y es. C'est bon! » Et alors quel soulagement sur leur visage!

C'est ce même réconfort que nous voulions voir sur les visages des gens avec lesquels nous travaillions.

C'est aussi pourquoi je vous invite à embarquer dans cette aventure : celle d'affronter courageusement les souffrances encore récentes, issues des plaies encore très vives rattachées au génocide, à l'exil, à la guerre. Parce que cette aventure, pourtant si tragique, si sombre et si inhumaine, s'ouvre enfin sur un nouvel horizon. Parce qu'elle débouche sur le pouvoir de participer au soulagement des blessures de la vie, et qu'elle a comme champ d'activité partout où « World Vision Rwanda» exerçait et exerce encore.

Et le groupe des facilitateurs de ce soulagement, qui est-il?

Ce sont des rescapés du génocide des Tutsis, des Hutus, des refugiés de 1959 et aussi tant d'autres personnes qui s'y sont ajoutées au fur et à mesure que nous avancions et que le groupe grandissait. Les voilà ceux et celles qui se sont engagé/es « à gratter » là où les Rwandais avaient vraiment mal.

Chacun de nous a eu son histoire, comme l'a si bien dit Lincoln Ndogoni, l'un des coordinateurs de ce programme : « *Everyone has a story to tell, a wound to heal, a pain to share.* » [3]

Pour nous qui avons eu la chance de raconter notre histoire, de partager nos émotions et de guérir nos blessures, quoi de plus normal que de souhaiter que d'autres fassent comme nous et retrouvent le goût de vivre?

Nous avions hâte de nous y mettre, d'atteindre le plus de gens possibles, mais nous avions en même temps de l'appréhension face à l'immensité de la tâche qui nous attendait. Nous avons donc mis les mains à la pâte dès que nous avons pu le faire.

Quand nous avons débuté le programme de guérison des blessures de la vie dans la communauté, c'est justement à Nyamata, l'une des zones d'activité de « World Vision », que nous avons commencé, en y ajoutant Ngenda et Gashora, des secteurs limitrophes. La sélection des participants n'était pas faite au hasard. Ils étaient identifiés parmi les

---

3 Chacun a une histoire à raconter, une blessure à soigner, une peine à partager. (Ma traduction)

autorités locales administratives et religieuses, les enseignants, les infirmiers, les organisations des femmes et des jeunes, bref, les personnes qui côtoyaient beaucoup de gens dans leur travail quotidien.

Nous avons contacté chaque participant et lui avons expliqué de quoi il s'agissait. Nous leur disions surtout que nous n'avions pas d'argent à leur offrir. Ce n'était pas facile pour nous à cause de l'arrivée des organisations non gouvernementales qui avaient inondé le Rwanda avec une panoplie d'aides et surtout par l'offre d'un per diem à chaque participant à une réunion ou à un séminaire de formation.

Nos ateliers s'étalaient sur beaucoup de jours et par conséquent ils étaient très chers. Il fallait que ceux qui s'engageaient à les suivre comprennent bien qu'il n'y avait que les frais de transport qui leur seraient donnés, mais que la nourriture et le logement leur étaient aussi assurés. Beaucoup sont venus mais d'autres ont carrément refusé. Au moins c'était très clair pour nous.

Qu'avions-nous donc comme outils à notre disposition pour aider les communautés à choisir de vivre de nouveau? Des ateliers de développement personnel, forme de thérapie de groupe. Ces ateliers se penchent sur le deuil, la gestion des émotions, le pardon, le projet de vie, la relation d'aide. Ces deux derniers sont donnés à ceux qui veulent être formés pour devenir formateurs à leur tour. L'ensemble des ateliers permet de placer le facilitateur ainsi que les participants en face d'un éventail de souffrances.

Le travail du facilitateur consiste alors à amener les participants à bâtir ensemble un espace de parole, grâce aux règles dites de protection, pour que chacun se sente en sécurité et puisse s'ouvrir aux autres.

Amener quelqu'un à s'ouvrir aux autres n'est pas une tâche aisée parce que les personnes, blessées par et dans leur histoire personnelle atroce – histoire bien que différente suivant les régions – ont perdu totalement confiance aux autres. Les grandes douleurs ne se racontent pas facilement. Elles sont internes et tellement cachées que pour pouvoir continuer à les supporter, les personnes qui en souffrent soutirent de l'énergie partout dans leur corps. Certaines jusqu'à ne plus pouvoir se tenir droit! Leur guérison réside pourtant dans l'expression de ces souffrances. Pour la réaliser il leur faut donc une solide garantie de sécurité. Celle-ci sera constituée par des règles bien établies de protection telles que l'assurance de la confidentialité et du respect de soi et d'autrui, ainsi que par des relations saines, vraies et authentiques.

Les participants, tout comme le facilitateur, doivent s'engager formellement à se conformer aux règles de protection. C'est seulement ensuite, quand chacun se sent en sécurité, qu'il pourra s'ouvrir aux autres. C'est là une habitude à acquérir et qui se fait par la répétition assidue de ces règles au début de chaque jour de formation afin que chaque participant en comprenne bien la signification et la portée.

C'est d'ailleurs grâce à la mise en pratique et au respect des règles de protection qu'est dû le succès des Ateliers de développement personnel.

On ne donne que ce qu'on a

Comme je l'ai dit plus haut, ce programme de guérison des blessures de la vie a commencé avec les employés de « World Vision ». Parmi ceux qui ont été formés dans les premiers groupes, des personnes ont été choisies pour constituer une équipe de facilitateurs pour les formations à venir. J'en faisais partie. Nous devions co-faciliter des sous-groupes pour parachever notre formation.

Quelques temps après, « World Vision » a renvoyé certains de ses employés par manque de fonds. Presque tous les facilitateurs ont été touchés par cette mesure, moi y compris, alors que nous venions à peine de commencer la formation d'un nouveau groupe. Je me suis promis de continuer à assister mon sous-groupe si « World Vision » me le permettait. C'est ce qui s'est passé.

À chaque période de formation de ce groupe je suis venue, mais dans quel état! Je co-facilitais mais en même temps j'allais en psychothérapie. En effet, la formation pour faciliter les Ateliers de Développement Personnel n'était qu'une parenthèse. Comme je l'ai dit plus haut, mon département s'occupait des enfants orphelins vivant dans des familles d'accueil. Moi j'étais chargée de ceux d'entre eux qui souffraient de malnutrition. Avec mes collègues, nous allions de famille en famille, souvent à pied puisque notre département ne disposait pas encore de véhicule. Les enfants nous racontaient comment ils avaient survécu. Je me rappelle l'histoire d'une petite fille de cinq ans qui nous racontait qu'elle avait survécu parce que des cadavres s'étaient entassés au-dessus d'elle.

Ceux des enfants qui présentaient des signes de malnutrition étaient pesés, enregistrés pour un suivi régulier et recevaient de la farine enrichie et surtout des biscuits très riches en protéines qui venaient d'Australie. Ceux qui étaient très mal en point étaient transférés dans un centre nutritionnel. J'étais peinée pour ces orphelins et cette souffrance s'accumulait en moi. Quand je rentrais après une journée particulièrement difficile, je ne supportais pas mes propres enfants qui faisaient des manières. Un jour je leur ai crié dessus en leur disant qu'ils devaient se tenir tranquilles et que comme parents on ne vivrait plus longtemps! Mon fils – qui avait alors neuf ans – m'a regardée et m'a tranquillement répondu que « GIRIBAMBE[4] » s'en chargerait! Or Giribambe était une organisation non gouvernementale locale qui s'occupait des orphelins.

Cette douche froide m'a permis de revoir ma relation avec mes propres enfants auxquels je faisais subir le poids des souffrances des autres.

Entre-temps notre département a eu une nouvelle coordinatrice, une Kenyane qui m'a particulièrement prise en grippe. Elle disait à tout le monde que je ne savais rien, que je ne valais rien. J'en suis venue à perdre moi-même confiance en moi. C'est seulement après qu'elle s'en fut prise à presque chacun de nous que je me suis rendue compte que je

---

[4] Aie pitié

n'étais pas la seule en cause. Elle a quand même fini par me faire renvoyer de « World Vision ».

Ce renvoi de mon travail ainsi que d'autres problèmes d'ordre personnel m'ont alors causé un grand choc. Pour terminer ma thérapie, je suis allée faire une retraite de trois jours chez les Frères Carmes de Butare. Pendant une séance de méditation dans leur jardin, par hasard j'ai regardé la jupe que je portais. Pour la première fois j'ai remarqué qu'elle était ornée de motifs de fleurs renversées, ce qui est une grande erreur en couture. Pourtant cela faisait un an que je l'avais. Cela m'a tellement secouée que je me suis sentie comme si je me réveillais brusquement. Que se passait-il? Qu'étais-je devenue?

Ce réveil m'a été salutaire. J'ai senti monter en moi un grand désir d'émerger de toute cette souffrance et de lutter autrement. Je me suis sentie plus légère, comme lavée, paisible, devant un horizon plus clair. Quand, un an après, « World Vision » m'a fait revenir à son service, uniquement chargée du travail de guérison des blessures de la vie, de la construction de la paix et de la réconciliation, je me sentais prête pour le travail dans la communauté pour lequel j'étais engagée.

Ces vers du Commun des Pasteurs me vinrent immédiatement à l'esprit :

Au royaume du Ressuscité

Nul n'est disciple
Hormis le serviteur
Nul n'est lumière
Sans l'amour indicible
Qui dans le frère (ou la sœur)
Découvre le Seigneur.

Nul ne console
A moins d'avoir souffert
Nul ne témoigne
S'il ne vit la parole
Où l'homme gagne
Sa joie quand il se perd.

Nul n'est tendresse
A moins d'être blessé
Nul ne pardonne
S'il n'a vu sa faiblesse
Qui l'abandonne
Aux mains du transpercé.

Nul ne partage

S'il n'a donné son tout

Nul ne peut dire

La folie du message

S'il ne se livre

Lui-même jusqu'au bout.

Nul n'est semence

A moins d'être semeur

Point de récolte

Sans le temps du silence

Car tout apôtre

Devient le grain qui meurt.

Le territoire et ses limites

Au Rwanda toutes les maisons ont des clôtures. Les unes sont solides, et même si l'écriteau "chien méchant" ne figure plus sur les portails, un chien réel est souvent bien visible et décourage les gens qui voudraient y frapper un peu trop facilement. Les autres ne le sont pas : elles sont symboliques. Un portail peut n'être constitué que d'une planche que n'importe qui peut pousser, mais quand il est fermé, il signifie qu'il faut demander et obtenir la permission de le passer. C'est exprimer le respect de la vie privée, du territoire de quelqu'un.

J'ai fait mes études secondaires chez des religieuses, des femmes blanches pour la plupart. La porte de leur couvent était toujours fermée. Quand quelqu'un sonnait, une sœur allait ouvrir, faisait un pas vers la personne qui était à l'extérieur et tirait la porte derrière elle. Par ce simple geste la personne comprenait que franchir le seuil de cette maison n'était pas évident. Ce n'était pas dans les habitudes locales et c'était donc mal vu. J'ai compris après que c'était pour ces religieuses une façon de délimiter leur territoire et de se protéger.

C. Portelance (2004) dit que celui qui n'a pas de frontières n'a pas d'identité et ne peut pas manifester sa différence. Nous sommes notre territoire et c'est pourquoi être envahi dans son territoire c'est être envahi dans sa personne, c'est ne plus être respecté, ne pas être reconnu.

J'ai rencontré des gens tellement envahis qu'ils s'y sont résignés et sont devenus de perpétuelles victimes. Un jour j'étais avec un groupe en formation. Il y avait des rumeurs d'infiltration des FDLR (Forces Démocratiques pour la Libération du Rwanda) basées en République Démocratique du Congo. Nous habitions dans une province frontière avec le Congo justement. Nous étions à l'extérieur pendant le moment de pause. Nous vîmes passer deux hommes en tenue un peu négligée avec des bottes en plastique. Ils nous dépassèrent sans nous parler puis arrivés à une maison située à cent mètres de nous nous les vîmes essayer de regarder à l'intérieur de la cour par-dessus la clôture.

Une femme membre de notre groupe nous persuada que c'étaient des infiltrés[5], qu'ils faisaient semblant de partir mais qu'ils allaient rebrousser chemin. Elle disait qu'elle savait que quelque chose allait lui arriver, qu'elle ne pouvait pas échapper. D'ailleurs disait-elle, « j'ai été emprisonnée parmi les Ibyitso[6], j'ai été battue, on dirait que j'ai été créée pour souffrir uniquement ». Elle n'avait plus de forces pour lutter, son territoire semblait avoir été définitivement conquis; elle se sentait au bout du rouleau. Finalement nous apprîmes que les deux hommes étaient des agronomes venus aider dans leurs activités agricoles les religieuses qui nous hébergeaient.

J'ai compris l'importance du territoire comme espace de vie et d'épanouissement de la personne en visitant un champ de bananiers avec

---

5 D'anciens militaires déchus et de nouveaux recrus qui, rentrées au pays voulaient reconquérir le pouvoir
6 Nom rwandais signifiant les complices du FPR.

un groupe d'amis. Alex, le propriétaire, nous expliquait la distance nécessaire entre deux bananiers, les dimensions à respecter dans le creusement des trous pour les plants, le paillage qui se fait jusqu'à une certaine distance pour ne pas envahir la plante et ainsi lui éviter les insectes nuisibles. Plus loin il y avait quelques bananiers qui n'avaient pas poussé parce que l'eau avait rempli les trous, asphyxiant les jeunes plants. La cause était que ces plants étaient situés tout près d'un marais et que ceux qui avaient creusé les trous les avaient faits un peu plus grands que nécessaire. Alex allait dans son champ tous les jours. Il était très enthousiaste en nous montrant les bananiers âgés d'un an, qui lui avaient déjà donné sa première récolte, ceux de six mois, de deux semaines et de quelques jours. La fréquentation journalière de sa bananeraie lui conférait une certaine auréole de paix tranquille, une ouverture sur les autres. Il partageait volontiers son expérience, donnait beaucoup d'explications à certains d'entre nous qui voulaient débuter un projet de culture de bananiers plantains.

Si Alex n'avait pas veillé au respect de l'espace de vie de chaque bananier, s'il n'avait pas fixé clairement les limites de sa propriété, il n'aurait pas eu de belles récoltes qui faisaient l'objet de sa grande fierté.

Alex a su veiller au respect de l'espace de sa bananeraie parce qu'il a su reconquérir son territoire. Je ne connais pas beaucoup son histoire mais je sais qu'il est rescapé du génocide des Tutsi de 1994. Il a dû apprendre à émerger de toute cette souffrance et s'est décidé à vivre de nouveau. Et il en est récompensé. C'est un homme qui force mon admiration.

Selon moi les êtres humains n'apprennent pas beaucoup de la nature. Beaucoup de gens n'aspirent qu'à posséder encore et encore davantage et ceci se fait malheureusement souvent au détriment des libertés des autres.

Chaque personne que je cite dans ce livre a été touchée jusqu'aux tréfonds de son être. Comment a-t-elle fait, ou fait-elle, pour émerger de toute cette souffrance? Où a-t-elle puisé la force et le courage de vouloir lutter pour reconquérir son propre territoire? C'est ce que vont nous démontrer les pages qui suivent...

« La douleur, ce n'était pas se faire battre à s'évanouir.

Ce n'était pas se couper le pied avec un morceau de verre

et se faire mettre des points à la pharmacie.

La douleur, c'était cette chose qui vous brise le cœur

et avec laquelle on devait mourir sans raconter son secret à personne.

Une douleur qui vous laisse sans forces dans les bras, dans la tête,

sans même le courage de tourner la tête sur le traversin. »

Jose Mauro de Vasconcelos

L'atelier sur le deuil

Je sais que l'atelier sur le deuil est toujours difficile, tant pour les participants que pour les facilitateurs. À l'aide des exercices, les participants ont l'occasion de parler de tout ce qu'ils ont perdu et des leurs qui sont morts de mort naturelle d'abord, puis de ceux qui sont morts pendant le génocide, ou de ceux qui ont péri pendant la guerre de libération de 1990, ou de ceux qui sont morts en exil, ou aux moments d'autres atrocités qui ont marqué l'histoire du Rwanda.

Quand il apprend et intègre les étapes du deuil, chacun parvient mieux à se situer et à comprendre son comportement. Mon expérience m'a démontré que certains se retrouvaient, au stade du déni. Comme cette femme qui a perdu son mari mais qui ne s'est rendue compte que ce dernier était vraiment mort qu'après un an, lors des cérémonies de la levée définitive du deuil.

La plupart des participants se retrouvaient au stade de la désorganisation surtout des émotions. La colère alternait avec une très grande tristesse exprimée par des sanglots, la peur se manifestait par des tremblements, des doigts qui se figeaient (remarqué surtout chez les femmes), d'autres se sentaient honteux et coupables d'être en vie (comme s'ils avaient trahi les leurs). On constatait cela surtout chez les parents qui avaient survécu alors que leurs enfants étaient morts, ou chez ceux dont les parents, déjà âgés, avaient refusé de fuir. Ils disaient, en sanglotant : « Pourquoi ne suis-je pas parvenu à persuader ma mère de venir avec moi? Pourquoi n'ai-je pas pris mon père de force? Pourquoi ne les ai-je pas trainés à l'extérieur? Après tout ils n'étaient pas plus forts que moi. Certainement que si je l'avais fait ils seraient en vie actuellement ».

Je me rappelle un groupe particulièrement difficile. C'était le deuxième jour, nous étions dans le grand groupe. Un des participants a dit à haute voix : « *Ariko mwaturetse tukabanza tukiririra ?* » (Ne pourriez-vous pas nous laisser d'abord pleurer un coup?) Et tout le monde s'est mis à pleurer sans retenue, y compris les facilitateurs qui n'en menaient pas non plus très large. Après, nous avons continué la session. Durant les rencontres en sous-groupes, il y a eu des crises de traumatisme. un participant s'est levé, le regard hagard. Les autres, cherchant à le calmer, ont improvisé : quelqu'un a entonné une douce mélodie. Un autre leur a crié de se taire parce c'était la chanson préférée de sa sœur décédée. Elle a aussi piqué une crise.

Tous pleuraient, dans tous les sous-groupes, à cause du vécu que les autres partageaient. Chacun des facilitateurs essayait tant bien que mal de gérer son sous-groupe. Le facilitateur principal est alors passé dans les autres sous-groupes pour nous inviter à tout arrêter et à prier. Moi j'avais tellement peur que j'étais assise en position dite de départ pour pouvoir m'enfuir au cas où il y aurait des participants qui piqueraient des crises de folie. Il faut dire que c'était le deuxième groupe communautaire que nous avions.

Le surlendemain lors de la session de supervision effectuée par notre chef de département, j'étais encore très bouleversée. Ce dernier m'a dit qu'il ne savait pas que je pouvais être aussi sensible puisqu'il me prenait plutôt pour une politicienne. Je n'étais pourtant qu'une coordinatrice du Conseil national des femmes, au niveau d'une des provinces du pays, d'activités pour lesquelles je n'étais pas toujours disponible étant donné le travail très exigeant de « World Vision ».

Comme il est déjà mentionné plus haut, les ateliers de développement personnel ont été initiés pour guérir les blessures dues au génocide. L'atelier sur le deuil a comme but d'aider les participants à partager ce qu'ils ont vécu pendant le génocide. Mais il ne faut pas oublier que les Rwandais ont vécu d'autres moments difficiles : la guerre, l'exil, l'emprisonnement, les blessures de la vie quotidienne. C'est donc là aussi, durant les ateliers, un moment privilégié pour en parler et partager les émotions avec des personnes qui écoutent, respectent et comprennent. L'accent est mis sur le respect de la souffrance de chacun. Rien n'est minimisé, aucune souffrance ne peut être laissée pour compte. Selon moi personne ne mérite de souffrir.

Et voici un autre exemple :

Les parents d'Épiphanie ont fui en Ouganda durant les événements de 1959. Son père revint ensuite au Rwanda pour ramener ses vaches. À son arrivée il fut emprisonné. Sa maman ayant beaucoup de responsabilités, Épiphanie alla habiter chez son oncle, à une grande distance de sa famille. Elle était tellement jeune qu'elle ne sut pas que son oncle n'était pas son vrai père. Un jour elle demanda à ce dernier où était sa mère.

Après ses études primaires elle retourna dans sa vraie famille, revit sa mère, ses frères et ses sœurs. Elle connut la vérité sur sa famille. Quelques temps après son oncle fut tué dans sa maison mais Épiphanie ne put aller à son enterrement.

Quand la famille rentra au Rwanda en 1994, elle espérait revoir son papa. Mais celui-ci avait été tué pendant le génocide. Épiphanie ne peut même pas s'imaginer à quoi ressemblait son père. Même maintenant elle pense qu'il reviendra un jour. Elle ne peut pas accepter qu'il soit parti définitivement.

Pendant l'atelier sur le deuil, elle pleura beaucoup. C'était la première fois qu'elle racontait son histoire. Elle dit ensuite qu'elle se sentait un tout petit peu mieux. Elle attendait le second atelier impatiemment pour apprendre à gérer toute cette peine. Elle acheva toutes les sessions et devint à son tour facilitatrice des ateliers de développement personnel.

Une autre participante nous a, elle aussi, parlé de son expérience :

« Avant le génocide, je vivais en paix. J'avais une famille, un mari qui m'aimait beaucoup et des biens que je trouvais suffisants. Mon mari alla à son travail comme d'habitude. Mais le génocide avait commencé. Il était chauffeur. Il mourut avec ceux qu'il conduisait. Plus tard son véhicule fut retrouvé dans un des pays voisins, avec une autre plaque d'immatriculation. Avant je pensais qu'il avait peut-être fui, ou qu'il avait été emprisonné. Je demandai à la Croix-Rouge de m'aider à le chercher. Je fis le tour de toutes les prisons mais ne le trouvai pas. J'étais enceinte. L'accouchement naturel devint impossible et je subis une césarienne. J'avais deux garçons jumeaux mais ils étaient déjà morts. Pendant que je cherchais mon mari, je fus emprisonnée sous-prétexte que j'avais été vue en train d'apporter de la nourriture aux infiltrés. Vers minuit, je fus retirée du cachot et emmenée à l'arrière d'une cour où je fus violée par quatre hommes. Ils me retinrent pendant toute une semaine. C'est là que j'ai contracté le VIH. Ma belle-famille ne m'approcha plus. Je ne souriais plus et quand j'étais au milieu d'autres gens, il m'arrivait d'éclater en sanglots tout d'un coup. Je ne m'aimais plus du tout. J'étais désespérée de n'avoir pas au moins enseveli mon mari. J'ai tout de même eu le soutien des autorités locales. C'est seulement après avoir participé aux ateliers de développement personnel que j'ai pu de nouveau me faire confiance. J'espère que je parviendrai aussi à vivre en paix avec les autres. »

Voici ce que raconte cette autre participante:

Mon propre témoignage est un enseignement. Le voici :

« Je suis née dans une famille aisée. J'ai reçu tout ce qu'il fallait pour mon bien être. Mes parents ne furent pas tués en 1994, mais nos voisins et les membres de notre famille élargie qui habitaient la colline furent massacrés. Nous fûmes obligés de fuir en République Démocratique du Congo. Puis nous rentrâmes après trois mois et retournâmes habiter notre propriété sans problème.

Entre 1996 et 1997, il y a eu la guerre des infiltrés. C'étaient certains réfugiés Hutus de 1994. Ils vinrent par les volcans (Ruhengeri). Ils tuèrent mon père et mon frère, pillèrent nos biens. Nous ne dormions plus, ne mangions plus, nous étions tout simplement terrorisés. Un autre jour les infiltrés revinrent, prirent mes neveux et leur enlevèrent les yeux, puis les poignardèrent et les jetèrent dans un endroit que nous n'avons pas pu identifier. À la vue de tout ceci, je perdis presque la raison. Nous nous rendîmes sur une autre colline mais ils nous y trouvèrent et tuèrent mon autre frère. Ils lui coupèrent la tête et le sexe, lui ouvrirent l'abdomen, le vidèrent et emportèrent son contenu, la tête et le sexe. Nos voisins nous aidèrent à enterrer les restes de mon frère. Tout ceci me fit tellement mal que je perdis le goût de tout. La peur, la tristesse et la colère ne me quittèrent plus. À mes yeux, tout le monde était mauvais. Je choisis de rester seule. C'était ça ma vie avant d'être invitée aux ateliers de développement personnel. J'appris ce qu'est le deuil. Je pus partager mon vécu avec les autres, exprimer ma tristesse. Je me donnai la permission d'exprimer les sentiments qui m'habitaient. Je pleurai beaucoup. Les facilitateurs et mes collègues de formation m'écoutèrent avec patience et compréhension. Les témoignages des autres dans les sous-groupes m'aidèrent à comprendre que je n'étais pas seule à souffrir. J'appris à gérer mes émotions. Je commençai à m'accepter et à m'aimer. Je découvris que j'avais le droit de vivre et de bien vivre. Par la suite j'ai trouvé du travail. J'ai payé mes études universitaires. Je me suis mariée et j'ai un enfant. Je sais maintenant gérer mes émotions et aider les autres à en faire autant.

Les ateliers de développement personnel m'ont ressuscitée, ont raffermi mon cœur, m'ont permis de devenir une femme forte et posée. Mes voisins en sont témoins. Je peux désormais aider à mon tour les autres à guérir de leurs peines. Je remercie ceux qui m'ont invitée à suivre cette formation, ceux qui nous ont formés et Dieu qui a fait que les infiltrés ne m'ont pas tuée. »

Un autre participant témoigne qu'après le premier atelier il abandonna la boisson. Que chaque soir il rentrait à la maison pour aider ses enfants dans leurs devoirs scolaires. Qu'il dirigeait même la prière pour sa famille avant d'aller dormir.

Voici un autre témoignage, celui de Justine. Justine a perdu son mari et ses enfants pendant le génocide. Voici ce qu'elle a raconté :

"Je me rendais chez mes parents pour vérifier s'il y avait des survivants. À mon arrivée, mon père fut tué sous mes yeux. Les bourreaux m'obligèrent à le déshabiller pour le regarder nu. Comme j'étais menacée de mort si je ne m'exécutais pas, je le fis tout en demandant pardon à mon père. Quant à mon frère, deux tueurs se placèrent de chaque côté de lui et le frappèrent ensemble et en même temps, dans son dos, avec leurs machettes. Il tomba à la renverse, mort. Ses bourreaux l'émasculèrent et attachèrent son sexe à mon cou et m'obligèrent à me promener ainsi. je croisai une femme Hutu qui prit un couteau et coupa la corde qui attachait le sexe à mon cou puis jeta le tout au loin et dit aux

Interahamwe : « Vous Hutu , sachez que tout ce que vous êtes en train de faire va vous retomber dessus. »

Je revois encore Justine raconter son histoire avec beaucoup de détails. Je me demandais quand elle allait s'écrouler. Quand elle parlait de la mort de son mari puis de ses enfants, je m'attendais à une forte réaction, mais non! C'est seulement quand elle a commencé le récit de son père qu'elle avait été obligée de dénuder et de son frère dont elle avait été obligée de porter le sexe autour du cou qu'elle s'effondra. C'était horrible et très pénible!

Nous étions des femmes animant ce groupe de femmes. Chaque sous-groupe entendait des histoires terribles. Tout ce que nous parvenions à faire, c'était de nous asseoir par terre avec les participantes, de les prendre dans nos bras et de les bercer. Dans leur grande douleur, elles ne s'apercevaient pas que nous aussi nous pleurions avec elles, au récit de leurs souffrances. Ce n'était pas très souvent que nous entendions des histoires de viol dans les sous-groupes. Parce que c'est ce dont les personnes parlaient et parlent le moins, même en consultation individuelle.

Tout ce qui entoure le sexe est tabou dans la culture rwandaise. Et le viol a été une arme privilégiée pendant le génocide. Les blessures sont encore ouvertes et ne se disent encore que très rarement.

Le fait de parler les a soulagées mais nous a beaucoup affectées. Je les comprends, car personnellement j'en ai souffert jusqu'à ne pouvoir presque pas marcher.

Un jour un des facilitateurs s'est exclamé dans notre évaluation après la session : « Écoutez, je ne suis pas Jésus Christ! C'est lui qui est venu mourir pour les humains, et moi je n'en ai pas la force. »

Pourtant il a continué de venir.

À un autre moment, alors que je co-animais un groupe dont les membres étaient profondément blessés, la tristesse d'un des participants m'a rejointe et j'ai repensé alors à la mort de mon père. Je suis sortie un peu pour respirer et essayer de gérer mon émotion. Je venais juste de sortir et c'est alors qu'un des participants est sorti en courant et en criant. Il est tombé sur le dos à cinq mètres du lac. Je me suis occupée de lui, oubliant toutes mes propres préoccupations.

Une autre femme avait piqué une crise et a dû être évacuée dans une chambre à côté.

Beaucoup d'autres participants et participantes ont fait des crises traumatiques.

À la fin de cette journée, après avoir encaissé tant de coups, on comprendra que je ne me sentais pas bien du tout.

Chaque personne traverse des situations éprouvantes à sa manière. Juste après le génocide, une femme dont le mari et tous les enfants venaient de mourir a été engagée dans un des villages SOS comme « maman ». L'un des enfants à sa charge l'ayant appelée maman, elle lui a lancé à la figure : « *Abanjye bana baryamye i Murambi* » (Mes enfants sont tous couchés à Murambi). Murambi est l'un des sites mémoriaux du génocide. C'était là sa façon de dire que ses enfants ont été tués pendant le génocide et ne sont plus que des ossements gisant à Murambi.

Par contre, une autre femme qui, elle aussi, venait de perdre toute sa famille, a fait cette prière :

« Mon Dieu, même si je viens de perdre tous mes enfants, fais que jamais je ne haïsse les enfants. » C'est ainsi qu'elle a toujours pu prendre des enfants chez elle. Certains d'entre eux sont aujourd'hui mariés.

Le réservoir émotionnel

Le Docteur Ross Campbell utilise la métaphore du réservoir émotionnel de chaque enfant pour parler du centre qui lui délivre l'énergie affective dont il a besoin pour traverser sans encombre les années difficiles de l'enfance à l'adolescence.

En écoutant les gens raconter leurs expériences douloureuses, j'ai souvent remarqué que leur enfance avait été privée d'affection. Un des participants, un homme âgé d'environ quarante ans, racontait combien il avait souffert de l'abandon de sa mère par son père. Enfant resté chez son père, il n'avait même pas le droit de chercher du bois de chauffage pour sa mère. Il devait toujours se lever à l'aurore pour travailler pour une belle-mère qui ne reconnaissait jamais ses efforts et un père qui n'écoutait que sa femme. Ce qui est terrible c'est qu'une fois marié il a fait subir le même régime à ses enfants. Quand il l'a raconté, il a tellement pleuré qu'il mettait la main sur sa bouche pour que ses cris n'alertent pas le voisinage. C'est justement ça le problème avec les hommes rwandais. Ils n'ont pas le droit de pleurer : leur culture ne l'admet pas. Ce serait une faiblesse de leur part. Quand ils se le permettent, ils l'expriment tellement fortement et « ça » vient tellement de loin que « ça » fait presque peur. Mais cela leur permet ensuite de cheminer plus aisément vert la guérison.

Une jeune fille nous disait que sa maman la haïssait. Elle se demandait si cette femme était réellement sa vraie mère. Beaucoup d'autres situations que je ne peux rapporter ici montrent que leur réservoir d'affection est désespérément vide. À ceci s'ajoutent les autres difficultés que les gens rencontrent dans la vie. Elles deviennent insupportables puisqu'il n'y a rien au départ qui fait que les gens luttent pour une vie qui a un sens. Ils n'en ont jamais eu une. Mère Teresa de Calcutta a vu juste, elle qui disait que dans le monde, il y a plus de faim d'amour et d'appréciation que de pain.

Le cri muet!

Tout cela ressemble à ce qu'on peut voir dans Le film de Bernard N. Nathanson « Le cri silencieux », où le bébé malheureux essaie de se déplacer, de fuir les instruments du médecin avorteur qui cherche à le faire sortir. Le bébé ouvre grande sa petite bouche et émet un cri inaudible. Qui, à un moment de sa vie, n'a pas éprouvé le besoin de crier

tout en ne voulant pas être entendu des autres? Une femme m'a raconté :
« Un jour j'ai été au bord du désespoir et j'ai eu envie de hurler mais je
n'ai pas osé : si les enfants m'entendent, m'a-t-elle dit, comment vais-je
leur expliquer? Alors j'ai attendu qu'ils dorment et, au fond de mon lit,
j'ai crié silencieusement. J'ai ouvert la bouche, j'ai contracté tous les
muscles de mon corps et j'ai lâché ce cri muet chargé de tout ce que je
n'osais pas formuler, de tout ce qui m'écrasait, puis j'ai pleuré et j'ai
dormi. Le lendemain matin, je suis allée à mon travail et personne n'a
rien remarqué. J'étais un tout petit peu soulagée, c'était toujours ça de
gagné. »

« Exprimer ses émotions,
c'est comme enlever les nuages noirs devant le soleil
pour laisser pousser les fleurs. »

Tanya Sénécal

L'atelier sur la gestion des émotions

La gestion des émotions est le deuxième atelier. Celui-ci permet d'apprendre à gérer les émotions ressurgies du travail sur soi de l'atelier précédent. La gestion des émotions est l'art de mettre ses émotions au service de son énergie personnelle. Elle aide les personnes à mieux comprendre ce qu'elles vivent, ce qui leur arrive, et tout d'abord ce que sont les émotions, leur importance dans la vie, les conséquences si et quand elles sont inhibées et ce qu'on gagne à les exprimer.

Au commencement, lorsqu'ils arrivent, les participants sont pleins d'appréhension. « Est-ce qu'ils vont encore nous faire pleurer? » Un jour que je conduisais un groupe à un de ces ateliers, avant d'entrer dans le véhicule, un membre du groupe a d'abord vérifié « si j'avais encore apporté des papiers mouchoir » (pour essuyer les larmes). Il avait décidé de rebrousser chemin s'il s'en trouvait. Non, il n'y en avait pas. Rassuré, il a pris place dans le véhicule.

De fait, dans notre éducation, il y a tout un tas d'interdits face à l'expression des émotions. Les hommes ne doivent pas montrer qu'ils ont peur. Ils ne doivent pas non plus pleurer sous peine de paraître faible. Quant aux femmes, elles ne doivent pas exprimer leur colère… Or, selon mon expérience, ce qui blesse n'est pas tellement ce qui nous est arrivé et nous arrive, mais ce sont les émotions qui en résultent et qui ne sont pas exprimées.

Pendant la guerre, pendant le génocide, ces moments difficiles où les gens ne s'occupent que de leur survie, il n'y a pas de place pour exprimer les émotions.

Parfois on n'arrive même pas à les ressentir. Pourtant, par la suite, elles se manifestent parce qu'elles sont bien là et elles ne peuvent pas être ignorées éternellement.

Est-ce que je peux pleurer?

Jennifer a perdu son mari et tous ses enfants. Elle a reçu un coup de gourdin sur la tête. Un coup qui a fait tomber certaines de ses dents. Quand les militaires de l'APR (Armée Patriotique Rwandaise) ont sorti les rescapés de leurs cachettes, elle était à bout. Elle a regardé un militaire dans les yeux et lui a demandé : « Est-ce que je peux pleurer? » Il lui a dit « Oui ». Elle est tombée à genoux, a pris appui sur les jambes du militaire et a pleuré... jusqu'à remplir ses bottes. Puis, soulagée, elle s'est remise debout!

C'est ainsi que, dans un endroit approprié, dans un espace protégé, comme ceux qu'offrent les ateliers de développement personnel, il est possible de « se lâcher » comme dirait Christian Sébastien. C'est un endroit privilégié pour sortir le trop plein de nos chagrins, nos peurs, nos colères et pourquoi pas même nos joies? Ces dernières s'expriment surtout à la fin des ateliers, quand les participants sont parvenus à voir au-delà de leurs misères et de leurs souffrances; quand ils parviennent à écarter tout ce qui fait barrière à leur expression.

Un autre membre a ajouté : « La vie n'est pas une ligne droite. Tantôt elle est claire, tantôt elle est obscure; le soleil puis les nuages noirs; le bonheur puis les tourments. Quand j'avais vingt ans je me sentais fort. J'avais des parents, des frères et des sœurs, j'étais heureux, je me croyais invincible. Quand mes parents moururent, j'avais déjà fondé ma propre famille. Mon malheur a commencé à partir de 1994. Le génocide m'a pris mes beaux-fils, mes filles qui avaient épousé des Tutsis, et mes petits-enfants. Je restai là, sans comprendre. Après cela vinrent les infiltrés. Ils tuèrent les enfants qui me restaient, détruisirent et brulèrent tout. Je restai avec ma femme, tous les deux nous étions déjà avancés en âge, sans plus de force pour travailler. Cette tristesse a fait que ma femme a presque perdu la raison. Les militaires vinrent combattre les infiltrés et il y eu de nouveau la paix.

Au Rwanda il y a eu des périodes de famine et de maladies graves comme la variole; pour moi rien n'égalera le génocide et la guerre des infiltrés. Ils m'ont brisé le cœur. Les ateliers de développement personnel ont réparé mon cœur en morceaux. Je me suis ouvert aux autres. Je me suis accepté avec tout mon passé. J'ai pu surmonter mes pensées mauvaises. Je soutiens ma femme dans sa souffrance, je l'écoute et lui dis de pleurer quand elle est très triste et je lui explique que pleurer n'est pas un péché. Et nous nous aimons même si nous sommes vieux. »

Julienne était au chevet de sa sœur qui est morte après un coma assez long. Julienne n'a pas pleuré mais a été muette jusqu'à l'arrivée de sa cousine quatre jours après. Quand elle l'a vue, elle a commencé à crier et à pleurer. Lorsqu'elle a raconté ceci, elle a beaucoup pleuré et a continué à voix basse : « Ceci n'était pas terrible. Mais la même semaine, ma mère est morte subitement. Je l'ai su quand j'étais au marché. Je me suis évanouie et j'ai repris connaissance dans les bras des gens. Après ces événements malheureux, mon cycle menstruel a souffert de beaucoup de perturbations. Nous sommes restés à trois dans notre famille et je suis l'ainée. Des malentendus nous ont séparés de notre petit frère. J'avais très peur : j'étais triste et en même temps en colère. Je ne me sentais pas du tout bien jusqu'à ce que je participe à ces ateliers. On dirait qu'ils avaient été préparés spécialement pour moi. Maintenant je laisse mes émotions sortir librement et je sais les gérer pour gagner de l'énergie et jouir de nouveau de la vie. Et je prends la décision de faire le premier pas vers mon frère pour parler de nos désaccords et reconnaître nos responsabilités réciproques et essayer de nous réconcilier. »

Caroline utilise un autre ton : Tout ce que j'ai vécu durant le génocide de 1994 m'a fait beaucoup souffrir. J'ai perdu mes parents, mes frères et sœurs, j'ai été violée. Je ne peux rien dire d'autre sauf que je hais tous les Hutus! Pour cela, je leur écris ceci : Vous Hutus, je voudrais vous dire : « *Muri imbwa, Nyakabwana. Muzapfa nabi, mupfe ntacyo mwimariye, muzabona ishyano, amaraso y'abantu mwanyoye azabahame. Muragapfa mutabyaye, murakagwa mu ruzi ingona zibarye, muzapfa muri ibicucu, murakangara. Imana yabaremye ikabashyira ku isi ntabwo yari yabanje gushishoza. Murutwa n'ibisimba byo mu ishyamba, murutwa n'ubusa. Mwifuje kuzimanganya izina umututsi ariko byarabananiye. Ndabanga, n'umwana nzasiga nzamubwira ububi bwanyu.* »[7]

---

7 Vous êtes des chiens, des vauriens. Vous mourrez ignoblement, sans arriver à quoi que ce soit. Vous, le malheur vous guette. Que le sang des innocents que vous avez versé vous poursuive partout. Que vous mourriez sans enfants, que vous tombiez dans la rivière et que les crocodiles vous dévorent, vous mourrez idiots, soyez d'éternels errants. Dieu en vous créant n'avait pas bien réfléchi. Vous êtes moins que les animaux sauvages, moins que rien. Vous

Les camarades de Caroline se demandaient comment elle avait pu porter toute cette colère en elle sans se détruire. C'était une chance pour elle de pouvoir enfin exprimer sa colère et sa haine. À la fin de la formation, elle a commencé à se détendre et à pouvoir sourire.

Marc de continuer : « Comme vous me voyez ici, je suis vraiment guéri. Pendant ces ateliers, j'ai constaté que je me détruisais. Maintenant je peux gérer ma colère. Avant, quand j'étais fâché avec quelqu'un je me battais avec lui immédiatement. Mon grand frère a été tué. J'avais projeté de me venger. Je l'aimais beaucoup. Il m'avait acheté ma première paire de chaussures quand j'ai commencé l'école secondaire. De jolies pantoufles que je mettais sous mon oreiller la nuit pour que personne ne les vole. Puis quelqu'un l'a tué! C'était le seul qui me restait après que mes proches ont été tués pendant le génocide. Je suis resté seul. Je me rappelle aussi quand mon père agonisait. Je l'avais vu mourir quand les tueurs le coupaient à la machette. Quand ils furent partis je lui apportai un peu d'eau dans un gobelet. Il saignait beaucoup et me dit : « Si tu étais un homme tu m'emmènerais loin d'ici »! Jamais je ne l'oublierai. Depuis ce jour, je prends beaucoup de responsabilités. Comme font les hommes. »

Faïna a dit ce qui suit : « Je suis devenue spécialiste du nettoyage des restes déterrés pour leur inhumation dans la dignité. Pendant la semaine de commémoration des victimes du génocide, je sens continuellement de la haine. Et dire que j'ai menti à Dieu comme quoi je ne haies pas les

---

avez voulu effacer le nom Tutsi mais en vain. Je vous hais, et je dirai aux enfants qui naîtront de moi combien vous êtes mauvais.

Hutus. Maintenant je comprends d'où vient toute cette haine. Et puis l'anniversaire de mon mariage tombe le 8 avril. Je ne peux pas me sentir à l'aise. J'ai beaucoup de tristesse au fond de moi. Je ne fais que juger et condamner les Hutus. Ce que je viens d'apprendre va beaucoup m'aider à comprendre ce que je vis et à faire ce qui est en mon pouvoir pour guérir. »

Encore une couverture s'il vous plaît?

Une organisation non-gouvernementale de Bukavu en République Démocratique du Congo m'a un jour invitée pour animer un atelier sur la « Détraumatisation » comme elle l'avait intitulé.

En ce qui a trait à la gestion des émotions, surtout celles de la peur, Francine nous a raconté ce qui suit et qu'elle a vécu.

« Le 1ᵉʳ août 2008, à huit heures du matin, j'ai été reçue à l'Hôpital Général de Référence. J'étais en travail depuis trois heures et comme j'accouche toujours par césarienne, je suis allée vite à l'hôpital. Malheureusement c'était un jour férié et l'hôpital travaillait en service minimum et un seul médecin assurait tous les soins médicaux.

La décision de m'opérer a été prise à minuit. Huit minutes après le bébé était là. Vers une heure du matin j'ai été emmenée dans la salle des soins intensifs. Toute frissonnante puisque l'anesthésie locale qui m'avait été administrée perdait tout doucement son effet, les douleurs se faisaient déjà sentir. Le lit n°5 m'a été attribué. Cinq minutes après, le malade du1er lit mourut. À voix haute les infirmiers de garde ont appelé les ouvriers du service de la morgue pour venir retirer le corps. Quinze minutes après, celui du 2e lit rendait l'âme aussi et les mêmes infirmiers ont fait signe aux ouvriers de la morgue de le faire sortir. Juste au moment où ces ouvriers remettaient le brancard à sa place, un papa qui occupait le 3e lit est mort. J'occupais le 5e lit de cette même rangée. La peur m'a envahie et je me suis dit : « Mon Dieu, les gens meurent ici et je suis bien. Pourquoi m'ont-ils emmenée ici? » J'avais des douleurs atroces. J'ai appelé un infirmier et lui ai demandé de me couvrir car j'avais très froid. Pendant qu'il me couvrait, un jeune homme qui était couché dans le 4e lit juste à côté de moi est mort lui aussi. Alors je vis venir mon tour. J'ai crié très fort qu'on me change de salle, que j'allais me lever et partir, que je ne voulais pas mourir... L'infirmier m'a rappelé que je venais juste d'être opérée, que je ne pouvais pas me déplacer, que le service de gynécologie devait surveiller mon état avant de m'autoriser à aller dans la salle des autres césarisées. Alors j'ai crié très fort en m'agitant et j'ai demandé qu'ils me couvrent de plusieurs couvertures. Ils ont placé trois autres couvertures sur moi. J'avais tellement peur : je me demandais qui serait le prochain si ça n'allait pas être moi qui étais au 5e lit? Dieu aidant, j'ai vu venir le matin. J'ai supplié les infirmiers de m'emmener ailleurs. Pendant qu'ils m'installaient dans une chaise roulante, une maman qui occupait le 1er lit d'une autre rangée est morte à son tour. Là, j'ai fermé les yeux et j'ai failli sauter de ma chaise. Heureusement ils m'ont fait vite sortir. Quand je vais à l'Hôpital Général, je ne passe pas du côté de la salle des soins intensifs. Je pense que si jamais j'y vais, la mort qui était là ce jour-là y est, en train de m'attendre. »

Sa façon de le raconter nous a fait tellement rire! Elle aussi en riait beaucoup. À la fin de son récit, quand je lui ai demandé comment elle se sentait après nous en avoir parlé, elle a dit qu'elle se sentait soulagée et moins traumatisée.

Toute souffrance est légitime

Au Rwanda il y a eu des moments de grands bouleversements, des souffrances terribles et visibles à tous : on a vu et on voit encore des personnes qui ont un bras ou une jambe amputée, des cicatrices de machette au cou, à la tête, à la cheville ou sur toute autre partie du corps. C'est tellement aberrant que l'on se demande comment les gens peuvent en survivre. Les souffrances sont et physiques et psychologiques.

Il y a toutes les autres souffrances silencieuses. Ceux qui en souffrent ont puisé de l'énergie au fond d'eux-mêmes pour les dissimuler et continuer leur chemin. Quand de telles personnes ont l'occasion d'aller en thérapie, quand elles se mettent à nu si je peux ainsi dire, on s'étonne qu'elles aient pu en supporter le poids.

Je pense à cette femme, belle, finement habillée, au volant de sa voiture. L'endroit où nous nous asseyons n'est pas très approprié. Elle a tellement mal qu'elle ne peut plus se tenir droite et qu'elle vacille un peu. Ceci se remarque quand on l'observe avec attention. Elle ne peut pas pleurer ouvertement : cela ne lui vient pas spontanément. Je ne trouve rien à faire d'autre que de serrer ses mains dans les miennes pour lui transmettre un peu de mon énergie. Je pense aussi à cet homme qui sortait de la salle de formation pour essayer de gérer ses affects à l'extérieur. Quand il est entré, ceux de son sous-groupe l'ont taquiné un peu et l'encourageaient : « Pleure un coup, nous sommes là et nous allons t'entourer. » Il a répondu : « Voulez-vous assister un buffle qui pleure? » « Absolument! » ont-ils répliqué. Alors, sans crier gare, toutes les digues de son corps ont cédé et il a pleuré longtemps dans les bras de l'un de ses camarades. Il se retenait pour ne pas hurler.

Philippe est l'un des participants aux ateliers de développement personnel. Avant il ne savait pas à quoi ressemblaient la peur et la tristesse. Il n'en ressentait plus.

Ce qu'il avait appris de son père étaient « que toutes les femmes devaient être battues ». Très tôt dans sa vie, il avait élaboré dix commandements pour son futur foyer. Il ne m'en a parlé que de quatre.

1. Ne jamais demander à sa femme de revenir à la maison une fois qu'elle serait partie après une querelle;
2. Sa femme devait lui obéir en tout, sans discuter;
3. Elle devait absolument garder le secret de tout ce qui se passerait à la maison;
4. Il devait la battre chaque jour. Pour cela, il avait tressé une corde très solide pour cet usage très spécifique.

Puis, il a adhéré à une secte religieuse et a été rebaptisé. Il s'est marié. Il ne battait pas sa femme mais, à la maison, il ne lui parlait jamais, et ne lui disait ni bonjour ni au revoir.

Après le génocide, il a été emprisonné. Sa femme est tombée enceinte d'un autre homme. Elle est allée lui demander pardon à la prison et il lui a pardonné, mais les voisins n'en ont rien su.

Quand il a été libéré, les voisins ont formé une haie devant sa maison pour voir comment il allait faire payer à sa femme la honte à laquelle elle l'avait exposé. Ils espéraient que la femme serait battue et renvoyée chez elle sans autre forme de procès. Mais Philippe était pressé! Il est entré dans sa maison parce qu'il avait composé une chanson pour sa femme, chanson qui peut se traduire par « Je mourrai avec lui » (*nzamugwinyuma*). Normalement, « *nzamugwinyuma* » était le nom du seau que les femmes utilisaient pour porter à manger à leurs maris en prison.

Après avoir chanté, il est sorti pour saluer ses voisins, ceux qui restaient puisque d'autres étaient partis déçus de la faiblesse de cet homme devant une si grande honte que sa femme lui avait infligée.

Les ateliers de développement personnel lui ont appris à partager ses peines avec d'autres participants. Il leur a dit qu'actuellement, quand quelqu'un cogne à sa porte, son cœur sursaute. Ce qui signifie qu'il peut maintenant ressentir la peur, donc qu'il est vivant. Il avait pris l'habitude de rendre les coups par des coups mais il a appris les conséquences néfastes de la vengeance. Il parle maintenant avec sa femme!

Il nous a dit qu'il était lui-même étonné d'être présent à la formation un jour de marché, lui qui normalement faisait passer l'argent avant tout.

Il vendait des brochettes de chèvre au marché. « C'était un miracle, comme il aimait le répéter. »

Aux talons de mes souliers

Henrico Macias, dans une de ses belles chansons, dit qu'on emporte un peu sa ville aux talons de ses souliers. Je trouve qu'on emporte aussi ses souffrances aux talons de ses souliers. Il arrive qu'elles reviennent et vous submergent, ravivant des souvenirs amers. En d'autres occasions un souvenir peut resurgir après vingt-cinq, trente, trente-cinq ans. On le revit un peu curieusement : tout remonte à la mémoire. C'est comme si c'était hier : les souvenirs refont surface.

Un jour que je rentrais à la maison pour les grandes vacances avec mon frère et un voisin, tous élèves du secondaire, nous devions couvrir une distance de près de cent kilomètres à pied. En effet, notre destination, Bibwe, un camp de réfugiés Rwandais au fin fond du Congo – appelé Zaïre à l'époque – était distante de Goma de cent cinquante-sept kilomètres. Nous venions de Bujumbura au Burundi. De là nous avions pris un taxi bus jusqu'à Uvira à la frontière du Burundi et de la R. D. Congo, puis une camionnette que nous partagions avec le charbon, le fretin fraîchement pêché, le manioc et d'autres passagers, et nous nous rendions ensemble jusqu'à Bukavu, à presque cent-cinquante kilomètres de là. De Bukavu à Goma, nous avons pris le bateau. À Goma nous avions pu trouver un camion et parcourir cinquante-sept kilomètres. De là jusqu'à la maison, c'était absolument la marche à pied. Il y avait des raccourcis qui tantôt montaient et tantôt descendaient. C'était très pénible et mes compagnons de route ont souffert de mon pas qui n'arrivait pas du tout à la vitesse des leurs. À un moment donné ils ont décidé d'accélérer le pas pour me stimuler un peu. Les voyant disparaître plus loin, je me suis sentie soulagée et me suis assise. On disait qu'à cet endroit il y avait des buffles, mais je m'en foutais. Je souhaitais même qu'ils en finissent avec moi. Je me suis endormie assise. L'inconfort fit que, à un moment donné, ma tête a basculé et que je me suis réveillée en sursaut. Je me suis remise à marcher. J'ai alors rencontré mes compagnons qui revenaient voir ce que j'étais devenue et nous avons continué ensemble notre chemin.

À presque vingt kilomètres de chez nous, nous avons pris un autre raccourcis que nous avions l'habitude d'emprunter. Ce chemin partait de la route et passait par une colline puis retombait de nouveau dans cette même route deux kilomètres plus loin. Nous étions sur le point de l'atteindre quand, sur la colline d'en face, deux bergers nous ont interpellés. Ils nous ont dit que ce chemin était interdit depuis que cette colline faisait partie des pâturages du chef de collectivité de cet endroit et ils nous enjoignaient de rebrousser chemin.

Nous avons continué de marcher croyant à une mauvaise blague. Mais eux ont pris un autre chemin, et nous avons débouché sur eux qui étaient appuyés nonchalamment sur leurs bâtons. Ils nous ont dit de faire demi-tour. Les négociations n'ont rien donné. Mes deux compagnons m'ont recommandé de céder, que je n'obtiendrais rien de ces bergers et que d'ailleurs ils n'étaient pas mes frères…J'étais épuisée et c'était au-dessus de mes forces! J'ai dit à tout le monde que je ne pouvais pas continuer. Je me suis assise et je leur ai demandé de l'eau à boire.

Voyant ma grande fatigue, les bergers ont éprouvé de la compassion et ont rappelé les garçons. Non seulement ils nous ont laissé passer mais nous en avons même obtenu un peu de vin de banane. Nous l'avons bu avec joie. Il m'a redonné des forces et j'en ai eu la gorge tellement serrée que deux jours durant je n'ai pu presque rien avaler.

C'est là un simple souvenir d'enfance en terre d'exil. Il y a eu pire. Pourquoi devais-je subir tout cela? Parce que j'étais une refugiée politique? Moi, une refugiée politique! Mais il leur fallait trouver une raison ou plutôt il en fallait plusieurs pour que les Tutsis soient chassés hors du Rwanda en 1959.

En ce qui concerne mon père, il a d'abord été accusé de communisme puis, pire encore, on l'a accusé d'avoir empêché la pluie de tomber! Maman nous en a parlé il n'y a pas très longtemps. Et papa avait essayé de s'expliquer : « Même si j'en avais pu avoir le pouvoir, comment aurais-je pu retenir la pluie alors que moi aussi j'ai des enfants qui souffrent? » Décidément, le ridicule ne tue pas! Il n'a malheureusement pas pu tenir quatre ans de plus et rentrer au pays pour respirer de nouveau l'air du pays natal. Il est mort en 1990, six mois avant le début de la guerre de libération qui nous a permis de regagner le Rwanda.

C'est quand toutes ces souffrances se conjuguent dans un groupe que naît la compassion réciproque et que les gens se rendent compte qu'ils ne sont pas les seuls à avoir souffert. Les blessures des uns guérissent celles des autres. Des amitiés peuvent en naître et perdurer. Les souvenirs d'actes héroïques et inattendus refont aussi surface, comme le montre ce qui suit.

Un petit geste : un gobelet de thé

« Nous étions plusieurs à nous cacher dans une grande salle au couvent des sœurs Bernardines, à côté de Gatagara, à Rwamagana, dans l'actuelle province de l'Est. Quand les gens ont dit que nous allions être tués, beaucoup se sont enfuis et je suis restée seule avec ma nièce. Nous nous sommes cachées dans une chambrette contigüe à cette salle. Elle ne pouvait plus soulever la tête, tellement elle avait faim. Je suis allée à l'extérieur voir ce qu'il en était, surtout que je n'avais pas peur de mourir. J'ai alors vu un petit garçon de douze à treize ans. Je lui ai demandé ce qu'il pouvait faire pour ma nièce qui allait mourir de faim. L'enfant, plein de pitié, s'est approché du portail et m'a dit que chez eux il y avait beaucoup de monde et qu'il n'y avait rien à manger, et que même le champ de manioc avait été dévasté, s'il le pouvait il m'apporterait un manioc cru. Il avait un grand thermos rempli de thé qu'il emmenait aux gens qui se trouvaient dans la cour de l'école Saint Aloys. Il m'a dit que si j'avais un gobelet il me donnerait de son thé. J'ai fouillé dans les bagages abandonnés par les fuyards et j'ai trouvé un gobelet d'un litre. Il a versé le thé à travers les grillages et a rempli ce gobelet!! Je l'ai rapporté à Angélique ma nièce et je le lui ai fait boire doucement. Elle reprenait ses forces à vue d'œil.

Ce qui m'a le plus étonné est que notre situation était devenue sienne à son âge. Alors que la situation était des plus précaires, il m'a dit qu'il était désolé de ne pas pouvoir revenir nous voir puisque les Interahamwe devenaient de plus en plus redoutables.

Après le génocide j'ai essayé de le retrouver pour le remercier mais en vain. Cet acte de générosité est parmi ceux qui m'ont marquée dans la vie.

Jusqu'à maintenant, chaque fois que je passe à cet endroit, je scrute toutes les personnes que je croise dans l'espoir de le reconnaître. S'il est toujours vivant, il aura grandi depuis. Je voudrais tellement pouvoir le remercier encore. » Egidie NYIRABAHINZI

Marie-Claire nous a dit qu'elle était allée chercher un homme qui l'avait retirée de la rivière, où elle avait été jetée liée. Elle lui avait donné une vache en guise de remerciement.

Goretti nous a raconté qu'avant le génocide, près de chez elle vivait une femme handicapée et marginalisée. Elle allait la laver quand les autres se moquaient d'elle. Pendant le génocide, cette handicapée a caché sa bienfaitrice en se couchant sur elle. Une autre femme qui donnait l'impression de ne pas avoir toute sa tête habitait la même maison. Goretti avait peur qu'elle ne la dénonce. Mais elle ne l'a jamais fait. Après la guerre, les deux bienfaitrices sont mortes et Goretti a recueilli chez elle les enfants de cette femme qui ne l'avait jamais dénoncée et maintenant elle paie leurs études. D'autres témoignages de gratitude ou d'intention de l'exprimer ont été donnés à la suite de l'étude d'un texte de réflexion ce jour-là, d'un diaporama de chezmaya.com, « a small gest...a glass of milk ».

C'était émouvant de voir les visages s'épanouir aux rappels de ces actes héroïques vécus et où les auteurs savaient qu'ils avaient risqué leur propre vie. Ce fut un moment de joie partagé dans ce processus du deuil.

Je trouve extraordinaire combien les gens improvisent pour porter leurs fardeaux. Et combien pénible de savoir qu'à Ntarama au Bugesera il y avait un profond étang (Ak'abagore) dans lequel les femmes allaient se noyer de chagrin.

Une autre femme nous a raconté ceci :

« J'ai perdu mon enfant pendant le génocide. Je ne pouvais pas me consoler. Je pleurais beaucoup. Une nuit, ne pouvant plus dormir ni retenir mon envie de hurler, je suis allée dans la salle de bain, j'ai ouvert à fond les robinets et j'ai crié fort et longtemps. Quand je me suis sentie fatiguée et vidée, j'ai fermé les robinets et regagné mon lit. Le sommeil m'a saisie. Mais ce n'est que quand j'ai retrouvé le corps de mon enfant, que je l'ai préparé pour enfin l'enterrer dans la dignité que je me suis sentie vraiment soulagée. Actuellement il m'arrive aussi de pleurer, mais je ne crie plus. Rendre hommage à mon enfant m'a rendu la vie. »

C'est bon de partager les expériences les uns avec les autres et de constater combien la vie est précieuse et qu'il vaut la peine de lutter pour la préserver...

« Il faut se pardonner beaucoup à soi-même
pour s'habituer à pardonner à autrui. »

Anatole France

Atelier sur le pardon

Le pardon est la troisième étape dans le processus du deuil. Un atelier y est consacré, celui sur le pardon et la réconciliation. Il permet de vivre en paix la situation de conflit qui se résout, la blessure qui se cicatrise. De la vivre avec les autres et l'environnement.

Le pardon fait que la personne se pardonne toutes les culpabilités dont il s'accuse pour n'en assumer que sa propre responsabilité et laisser aux autres assumer la leur. Ainsi, si un homme a caché son enfant derrière un buisson et que les Interahamwe l'ont découvert et l'ont tué, il n'est pas responsable de la mort de son enfant. Ainsi aussi si une maman âgée n'a pas voulu s'enfuir avec sa famille et qu'au retour celle-ci la trouve morte, à qui en imputer la faute? C'est ce qui libère la personne blessée et lui donne la paix. Elle peut enfin respirer, se redresser les épaules et oser regarder autour d'elle, remarquer qu'elle est vivante et digne de l'être. La personne blessée acquiert alors de la force requise pour pouvoir pardonner à ceux qui l'ont persécutée.

Le processus du pardon implique l'offenseur et l'offensé. Les deux ont à parcourir les étapes d'un pardon sincère : pour l'offenseur, la reconnaissance de la faute, la demande de pardon, la réparation et l'engagement de ne plus recommencer. Pour l'offensé, l'acceptation de la souffrance vécue ainsi que les émotions qui l'accompagnent, le refus de se venger, de ne pas s'enfermer dans sa souffrance mais partager sa peine avec quelqu'un de confiance, exprimer le poids de la souffrance et l'ampleur de la blessure, demander réparation et prendre la décision de pardonner. Les deux, offenseur et offensé peuvent alors bâtir leurs relations éventuelles sur de nouvelles bases, ou décider de se pardonner et de ne plus renouer de relations. Cette décision n'entame en rien la valeur du pardon accordé.

Justine raconte : « J'ai eu trois enfants avec mon mari, puis il est mort. J'ai épousé son frère et j'ai eu cinq enfants avec lui, puis il est mort aussi. Alors je me suis sentie perdue. Je suis devenue alcoolique et ne me suis plus occupée de mes enfants jusqu'à ce que je sois invitée aux ateliers de développement personnel.

Pendant l'atelier sur le deuil j'ai appris le sens de la perte. Avant je pensais que la commémoration était seulement pour les Tutsis. Je ne participais pas aux cérémonies nationales de commémoration du mois d'avril. J'allais cultiver mes champs et ne m'occupais pas du tout de ce qui se passait autour de moi. Grâce à la session sur le deuil, j'ai compris que ce qui se fait pendant ces activités concerne tout le monde. Les explications sur les étapes du deuil m'ont enseigné où je me situais et à quel moment j'avais cessé de me sentir vivante. À partir de ce moment-là, j'ai commencé à m'en sortir.

La colère et le chagrin étaient les émotions les plus dominantes dans ma vie. Mes enfants en étaient les victimes. Pendant la session sur la gestion des émotions j'ai appris à gérer mes émotions et mes enfants vivent maintenant en paix. Nous nous asseyons ensemble et nous prions. Ils ne sont plus traumatisés quand j'entre dans la maison. Ils me disent que j'ai changé et c'est vrai. Je ne vais plus au bar. J'ai également abandonné une autre mauvaise habitude. En effet, j'ai eu un enfant après le décès de mon second mari, avec un homme qui m'aidait à traire ma vache. J'ai demandé pardon à sa femme.

Je ne pensais pas pouvoir pardonner aux gens qui m'ont rendue veuve deux fois. Mais si je parvenais à les connaître, je sens que je leur pardonnerais maintenant. Je suis en paix. Si tous les Rwandais pouvaient participer à ces ateliers, le pays deviendrait un paradis. »

Quant à Prosper, sa grand-mère a épousé un Hutu quand elle était enceinte d'un Tutsi. L'enfant a grandi dans une famille qui ne l'a jamais accepté. Sa situation a empiré lorsqu'il a épousé une femme Tutsie. Il a décidé de quitter cet endroit et d'aller habiter très loin avec sa nouvelle famille mais l'endroit était vraiment inconfortable. Il a été tué pendant le génocide.

Prosper a survécu avec sa mère et sa sœur. Il a reçu de l'aide du FARG (Fond d'Assistance aux Rescapés du Génocide) pour ses études mais le frère de son père a empêché le FARG de continuer de payer puisqu'il allait le faire lui-même. Les camarades de classe de Prosper ont déduit qu'il était un Hutu qui les avait infiltrés et, choqués, lui ont retiré leur confiance. Prosper en a beaucoup souffert. L'oncle n'a jamais payé. Prosper a donc abandonné l'école. Il n'y est retourné que quelques années plus tard grâce aux efforts de ses demi-frères.

Peu après sa mère a retrouvé les restes des membres de sa famille morts pendant le génocide et les a enterrés dans la dignité. Mais après ces cérémonies, elle est devenue muette. Quant à sa sœur qui était enceinte elle a fait une fausse couche et n'a eu personne pour l'assister. Prosper a décidé de prendre soin d'elle, même si dans notre culture c'est une tâche réservée aux femmes et il l'a emmenée à l'hôpital. Après l'atelier sur le pardon, il a décidé d'aller trouver l'un de ses frères avec qui les relations étaient coupées et d'entamer le processus du pardon. Quand il racontait tout ceci, il avait l'air véritablement soulagé.

Parfait nous a raconté ce qui suit : « Je suis devenu orphelin très jeune et j'ai été élevé par mon oncle paternel et sa femme. Je ne me sentais pas aimé. Ils me faisaient faire des travaux qui étaient au – dessus de mes forces. J'étais malheureux, surtout que je ne parvenais pas encore à accepter la mort de mes parents. Suite à tout cela, mes résultats scolaires étaient mauvais. J'avais des maux de tête et avais recommencé à faire pipi au lit, bref, j'avais tous les signes d'une personne traumatisée. Je ne me sentais mieux qu'avec mes camarades d'école. J'ai appris le karaté pour pouvoir me venger un jour de tous ceux qui m'avaient fait du mal. Mais le karaté, au lieu de me préparer à me venger, m'a appris la discipline et le savoir-vivre. Puis je fus invité à participer aux ateliers de développement personnel après mes études secondaires. J'y ai appris à gérer mes émotions, à comprendre le deuil et la meilleure façon de le vivre, à me pardonner et à aimer la vie. Maintenant je sais prendre de bonnes décisions et j'ai, de nouveau, confiance en moi. Je peux pardonner ou pas, suivant les circonstances. Je n'ai plus mal à la tête. Je me sens en paix avec moi-même. Je remercie les facilitateurs et prie Dieu de les garder en paix et de bénir tout ce qu'ils font. »

Je suis fière de moi

Un poème de Monbourquette avait été utilisé comme texte de réflexion du jour. Nous étions à un atelier sur le pardon. Madame Libérata, qui avait perdu son mari au moment du génocide, en était à la troisième session du processus de guérison. Avant d'assister aux ateliers, elle n'éprouvait plus de la peur. La nuit elle pouvait parcourir son champ avec un bâton, elle ne pensait pas que quelqu'un pouvait lui faire du mal, du moins elle s'en moquait. Un jour qu'elle traversait une rivière, elle a rencontré l'enfant du meurtrier de son mari. Elle a béni sa bonne étoile qui lui permettait enfin de réaliser sa soif de vengeance. Elle a décidé de jeter l'enfant par-dessus le pont. Mais à ce moment-là l'enfant lui a dit : « *UyahoYibeya?* » (Bonjour Libérata) dans son langage d'enfant. Prise de pitié, elle a abandonné son sinistre projet; son cœur maternel l'a incitée plutôt à embrasser l'enfant.

Durant les ateliers, elle parlait beaucoup. Les autres participants la regardaient de travers mais elle, elle continuait. Elle était devenue autre. Longtemps après la formation, un jour je l'ai rencontrée. Je lui ai demandé : « Comment vas-tu? » Elle m'a répondu : « Je suis fière de moi. » J'en ai été émue jusqu'à en avoir la chair de poule.

Cette même femme, quand les prisonniers accusés de génocide ont été libérés après avoir demandé pardon à l'État, elle ne les a pas repoussés quand certains d'entre eux ont eu recours à elle pour leur intégration.

C'est un cri de douleur qu'a poussé Honoré : « Je voudrais vous dire que je ne peux pas pardonner. Je n'ai même pas besoin d'amis. Je préfère être avec mes enfants uniquement parce que je n'ai confiance en personne. Je ne comprends même pas comment je suis en train de vous raconter mon histoire. Quand nous avons commencé ces ateliers, je m'étais promis de ne jamais ouvrir la bouche. Les autres pouvaient parler mais pas moi. Et maintenant je suis en train de vous en parler. Après seize ans! Je voudrais que le génocide recommence pour que je puisse me venger. Autre chose. Je hais les tribunaux gacaca (juridictions traditionnelles qui ont été utilisées pour juger le grand nombre de crimes perpétrés pendant le génocide)! J'y suis allé très peu de fois. Je n'y retournerai plus. Ce qui s'y dit n'est pas vrai et cela me rend furieux. »

Ce dont Honoré ne se rendait pas compte c'était que pouvoir sortir ce trop-plein de colère et de souffrance était déjà un bon pas dans le processus de guérison.

Une femme nous a dit qu'un jour quelqu'un qui lui avait fait beaucoup de mal était venu lui demander pardon. Elle lui a dit qu'elle ne lui pardonnerait pas même si Dieu devait la brûler en enfer. Son Pasteur lui a annoncé qu'il allait préparer un groupe spécial pour prier pour elle. Elle lui répondit: « Vous pouvez faire une session de trois ans de prière si vous voulez mais je ne lui pardonnerai jamais. »

Mais suite à l'atelier sur le pardon, elle a dit qu'elle se sentait prête à lui pardonner.

Vestine nous a confié ce qui suit : « Cela faisait déjà un long moment que je me cachais tant bien que mal. J'ai fini par croiser un Twa nommé Munyarugamba. Il venait chez moi faire des travaux domestiques et des fois il travaillait dans les champs. Il a même fabriqué des briques à dobe pour notre maison. Quand il m'a vue il m'a dit : « Tu dois mourir! Tu n'es pas meilleure que les autres femmes tutsies qui sont déjà mortes. Ancilla est morte, Odette, Ukwiyeyezu et d'autres. » Je l'ai supplié de m'épargner mais il ne voulait pas. Il m'a dit qu'il allait à l'école à côté pour chercher des militaires pour l'aider à en finir avec moi. À leur retour ils ont croisé les balles de l'APR (Armée Patriotique Rwandaise) et ils se sont enfuis et je suis restée là.

J'ai été emmenée dans un camp de déplacés de Rutare dans l'actuelle province du Nord, Byumba. Au mois de mai, trois garçons de Munyarugamba affamés et affaiblis par la malaria, sont arrivés au camp et ont échoué au seuil de ma tente. Quiconque les voyait accourait me dire de venir regarder les enfants du traître. Je n'ai pas eu la force de leur donner à manger, mais j'ai demandé pour eux une place à l'orphelinat. Après le génocide je suis retournée chez moi.

Les voisins se sont empressés de dire à Munyarugamba que j'étais de retour. Il s'est caché de moi d'abord puis tenaillé par la faim il est allé demander de balayer le marché pour avoir de la nourriture. Il recevait des choux, des patates douces et des aubergines. Un jour que je suis allée au marché je suis presque tombée sur lui. Il a failli s'évanouir. Il m'a suppliée de ne pas acheter des légumes, qu'il allait m'en donner. Je lui ai demandé si c'était une réparation de sa part? Il a vécu dans la peur jusqu'au moment de la collecte d'informations en vue des juridictions gacaca. J'ai dit ce que je savais sur lui. Il a affirmé que tout était vrai, que je n'avais rien inventé ni rien ajouté et il a demandé pardon à l'assemblée. Je lui ai dit que moi je lui avais déjà pardonné sans qu'il me le demande, le jour où j'avais intercédé pour ses enfants.

Au jour des tribunaux gacaca, il a été appelé comme accusé et moi comme plaignante. Quand on a apporté le cahier d'informations, il a tout nié. Tout. Il a dit que je mentais sur toute la ligne. J'ai répété ce que j'avais dit et il a été condamné à vingt-neuf ans de prison. Pour ma part je ne me reproche rien. S'il avait accepté ce qu'il avait fait et demandé pardon, il aurait été chez lui comme tant d'autres. Avant qu'il ne soit mis en prison je l'avais approché à plusieurs reprises pour lui demander de se calmer et de ne pas prendre la fuite chaque fois qu'il me verrait mais le mot « pardon » n'a jamais franchi ses lèvres. Ses enfants et moi prions au même endroit. S'ils éprouvent quelque ressentiment à mon égard, je n'en sais rien. Je n'ai pas le don de voir dans les cœurs des gens. »

Adelaïde est la seule survivante de sa famille. C'est une jeune fille aux yeux très beaux mais qui diffusaient une colère contenue. À la fin de la deuxième session elle a écrit une lettre à son père en lui disant que quand elle mourrait, avant d'aller où Dieu la destine, elle lui demandera d'abord comment il a osé partir emmenant toute la famille sauf elle. En lisant sa lettre au grand groupe, tout son corps était tendu comme s'il allait éclater. Après l'atelier sur le pardon, elle n'a pas montré un changement spectaculaire. Quelques temps après elle m'a envoyé une photo d'elle, épanouie, le regard brillant, ses yeux reflétant une paix intérieure retrouvée. Elle, qui vivait seule, est actuellement mariée et heureuse dans son foyer.

Une femme, veuve, déjà âgée, parlait toujours de fuir ses voisins et d'aller habiter ailleurs parce qu'elle se sentait menacée. Après les ateliers, elle nous a dit qu'elle n'avait plus besoin de déménager, que ses voisins étaient aussi vulnérables qu'elle. Il avait raison le Dalaï-lama qui a dit que la peur qu'on ressent est plus dans son cœur que dans la main que l'on redoute.

Jérôme raconte : « Mes parents m'ont forcé à épouser une femme que je n'aimais pas. Je ne savais même pas qu'elle était malade du sida. Elle est morte après m'avoir contaminé. Elle m'a laissé un bébé de trois mois. J'ai pris une autre femme. Nous avons eu trois enfants qui sont morts par la suite. Les frais médicaux étaient tellement élevés que j'ai dû vendre ma parcelle et les ustensiles de cuisine. J'ai été marginalisé par ma famille à cause de tout cela. J'ai résolu de me pendre mais les gens l'ont su et ont coupé la corde avant que je meure. C'est seulement pendant les ateliers de développement personnel que j'ai pu exprimer toute cette peine que je traîne depuis plus de soixante ans. J'y ai appris que je peux me pardonner et alléger mon cœur. Je remercie ceux qui ont pensé à m'inviter et les facilitateurs qui m'ont permis de croire encore en la vie. »

Un autre participant nous raconte : « Je n'ai pas connu mes parents. Suite à une vie particulièrement difficile, mon intelligence n'était pas brillante, et ma taille n'était pas proportionnée à mon âge. Mon père était riche. Il avait des maisons dans un centre commercial, des champs et une voiture. Tout cela a été récupéré par les enfants de sa première femme. Ma sœur et moi avons été envoyés vivre chez une tante éloignée qui n'avait pas eu d'enfants. Elle ne nous aimait pas du tout, ne nous comprenait pas, se plaignait de nous avoir à sa charge. J'avais douze ans à ce moment-là. Ma sœur, qui était plus jeune que moi, était née avec un handicap. Personne ne pensait qu'elle survivrait à la maladie, aux travaux domestiques que nous devions faire et aux mauvais traitements.

Nous étions battus et privés de nourriture chaque fois que nous ne pouvions pas mener à bien nos tâches domestiques. Tous nos proches nous regardaient d'un mauvais air ou nous battaient sans raison apparente. J'en ai conclu que personne ne pouvait nous aimer. La famille s'est réunie un jour et a décidé de nous chasser de chez notre tante et de nous envoyer habiter les ruines de la parcelle de notre défunte mère. J'appelle cela des ruines puisque les portes et les fenêtres de la maison avaient été volées, et qu'une partie de la toiture était détruite. Vaillamment, j'ai pris le bras de ma petite sœur et nous sommes partis y vivre. Mais c'était comme du suicide.

Notre famille croyait que nous allions mourir mais nous avons survécu et avons appris à nous débrouiller. De bonnes âmes nous ont aidés, surtout les amis de mes parents. J'ai mis ma sœur à l'école. Elle progressait bien et a fini le tronc commun (troisième secondaire). Mais elle est devenue de plus en plus malade et a arrêté ses études puisque sa vue baissait. J'ai demandé de l'aide auprès des miens pour la faire soigner mais ils ont refusé et m'ont proposé de leur vendre notre maison pour qu'ils la démolissent et mettent en valeur la parcelle, pour que j'aie de l'argent pour les soins médicaux de ma sœur. Nous n'avions nulle part où aller, mais je ne pense pas qu'à mon âge j'eusse su faire des négociations de vente de cette parcelle. Je l'ai emmenée au dispensaire du village. Celui-ci nous a transférés à l'hôpital. Après beaucoup d'examens médicaux, j'ai appris qu'elle avait le SIDA. Je me suis mis à pleurer tout simplement. Les médecins m'ont demandé comment nous vivions.

Après avoir entendu mon histoire ils ont eu pitié de nous et nous ont pris en charge jusqu'à ce que ma sœur aille mieux et soit prête à quitter l'hôpital. À la maison j'ai pris soin d'elle et elle a repris des forces. Nous avons continué à subvenir à nos besoins, puis nous avons su que « World Vision » aidait les orphelins. Cette organisation nous a pris parmi ses bénéficiaires. Elle nous a construit une maison, nous a donné des chèvres et nous a aidés à sortir de l'isolement. Je grandissais. Les chèvres se sont multipliées et nous avons eu de l'argent. Je pouvais payer des gens pour cultiver nos champs. J'ai construit une maison plus grande et j'ai acheté d'autres animaux domestiques. Je pouvais me sentir à nouveau joyeux. « World Vision » a pris soin de ma sœur dans son programme de soutien aux personnes qui vivent avec le VIH et m'a invité à participer aux ateliers de développement personnel. Mais ceux qui étaient avec moi m'ont mis en garde contre les facilitateurs qu'ils prenaient pour des espions. Donc je ne devais rien dire si non ils me mettraient en prison.

Quand les facilitateurs ont commencé à expliquer en quoi consistait la formation, j'ai trouvé que ce qu'ils disaient était bon. Mais quand ils ont parlé des règles de protection, j'ai pensé que c'était un mur qu'ils allaient ériger qui leur permettrait de nous garder ensemble afin de nous emmener plus facilement. Quand ils nous ont demandé de nous engager solennellement à respecter ces règles, mes voisins m'ont fait signe de ne rien faire. Pourtant après le premier jour de formation sur le deuil, je suis rentré à la maison en me demandant qui avait pu leur raconter mon histoire puisque ce que les facilitateurs nous disaient cadrait bien avec ce que j'avais vécu. Le deuxième jour, ils nous ont fait faire des exercices. J'ai pleuré beaucoup.

À la fin de cet atelier, j'avais raconté toute mon histoire et décidé d'aller à l'atelier suivant. J'ai terminé la formation, je sens que je suis guéri de mes blessures. Je me suis marié et j'ai trois enfants. Mes affaires prospèrent. J'aime ma femme, l'écoute et la respecte. J'ai confiance en elle. J'aime mes enfants et sais veiller sur eux. Je sais prendre du temps pour moi pour penser à ce qui ne va pas. Je suis tranquille, en paix. J'ai cinq vaches de race. J'ai construit une maison à un endroit où l'accès à l'eau, à l'électricité et aux soins médicaux est facile. Les gens me font confiance et viennent me demander conseil et je leur rends le respect qu'ils me témoignent. J'ai accueilli Jésus comme mon Seigneur et mon Sauveur et je me considère comme héritier de la vie éternelle. »

L'atelier sur le pardon est très intéressant mais son début est toujours très difficile surtout pour le facilitateur. Ceux qui y participent croient qu'il veut que les Tutsis pardonnent aux Hutus . Ils mettent longtemps à comprendre que, comme les ateliers précédents, il s'agit de continuer son propre processus de guérison d'abord afin d'acquérir la force de pardonner aux autres. Une jeune femme m'a un jour crié presqu'au visage : « Pourquoi n'allez-vous pas prêcher le pardon aux Hutus puisque ce sont eux qui ont des problèmes? » Mais quel soulagement de lire de la joie sur le visage des participants à la fin de cet atelier! C'est la plus belle récompense des facilitateurs.

Le travail de la mémoire

« Pardonner n'est donc pas oublier et oublier n'est pas pardonner »
Arnaud Abecacis

L'atelier sur le pardon ne serait pas complet si on ne parlait pas de la mémoire. Plusieurs de nos leaders religieux nous apprennent que si l'on pardonne vraiment à ceux qui nous offensent, il faut oublier leurs offenses.

« Il m'est donc permis de me rappeler sans me sentir coupable? » s'étonnent les participants.

Bien sûr! Comment peut-on forcer l'oubli? Les gens mesurent leur degré de surmenage à leur fréquence d'oubli. Un jour une femme m'a téléphoné et m'a dit que cette fois-ci elle avait vraiment besoin de mon aide. « Sais-tu que, aujourd'hui, à mon lieu de travail, quand par hasard j'ai posé mon regard sur mes jambes, j'ai constaté que je n'avais mis de lotion corporelle que sur l'une d'elle seulement? » Et elle se sentait perdue. Oublier où on a rangé ses affaires, oublier le chemin qu'on devait prendre et se retrouver à des kilomètres plus loin. Pourquoi? Parce qu'on est dans sa tête, dans ses souvenirs, dans ses peurs, dans ses colères, dans ses angoisses.

Un autre jour, pendant la période de commémoration nationale du génocide, une femme rescapée a dit : « Les gens disent que les rescapés ont tendance à oublier facilement! Si seulement nous pouvions oublier ne fût- ce qu'un petit moment le calvaire que nous avons vécu, comme ce serait soulageant pour nous! » Mais non, la mémoire est là, fraîche, tenace, torturante, incontournable.

Une autre fois, lors d'un atelier avec les prisonniers, l'un d'eux a demandé pourquoi IBUKA [8] voulait toujours souligner que les gens devaient se rappeler le génocide des Tutsis. La question était posée à Simon Gasibirege, facilitateur principal de l'atelier. Moi j'étais parmi les co-facilitateurs. L'un des autres participants lui a demandé s'il pouvait oublier les affres de la vie de prisonnier. Il a répondu que c'était impossible. Il trouvait en même temps la réponse à sa question. C'était tellement clair que Simon n'y est plus revenu. L'un d'eux nous disait dans le sous-groupe qu'il ne comprenait pas comment il avait pu participer aux tueries, lui qui était pourtant une bonne personne avant! Je lui ai demandé s'il lui arrivait de revoir cette période, de la voir se dérouler comme un film? Il a répondu que oui, et qu'il en ressentait toutes les horreurs. Il nous a dit que, lorsqu'il était en prison, il avait perdu sa femme qu'il aimait beaucoup. Il a souffert terriblement de cette perte. Tout à coup, une lueur se fit dans sa tête; et si les Tutsis qui ont perdu les leurs souffraient comme je souffre? Il a résolu de demander pardon aux familles dont il avait participé à la mort d'êtres chers. Il l'a fait bien avant que le programme de sensibilisation des prisonniers offert

---

[8] Souviens-toi. Collectif des associations des survivants du génocide des Tutsi du Rwanda de 1994

par l'État – de demander pardon pour la réduction de leur peine – ne débute. Il était toujours en prison, mais son cœur avait retrouvé la paix.

C'est un soulagement de trouver que le pardon n'exclut pas la mémoire des faits. Il est possible de pardonner à celui ou ceux qui vous ont rendus orphelin, ou veuf, ou veuve... et d'apprendre à vivre en paix avec votre histoire. Un pardon accordé n'efface pas non plus la mémoire des faits au bourreau lui-même. Il pense au mal qu'il a causé mais aussi à la grâce qui lui a été accordée et surtout à sa détermination de ne plus le refaire. Tout ceci le réhabilite et lui redonne sa place dans la société.

Ainsi d'Alice qui, avec un poignet coupé, et qui malgré cela était assise avec celui qui le lui avait tranché, parlait du pardon qu'elle lui avait accordé. Elle disait qu'ils étaient nombreux dans une même association « *Ukurikuganze* » (Que la vérité triomphe); et ceux qui l'entendaient n'en croyaient pas leurs oreilles. Elle ne s'empêchait pas de pleurer quand même. Parmi ses nombreux souvenirs figurera aussi celui d'avoir pardonné à son bourreau.

La journée d'évaluation

La journée d'évaluation suit l'atelier sur le pardon. Elle permet aux participants de regarder en arrière et de voir combien ils ont évolué comme groupe et de constater comment ils se sont améliorés dans leur façon de vivre ensemble, leur manière de vivre et gérer leurs émotions, leur degré de compréhension, leur façon de se comporter au travail et avec leurs voisins, ainsi que ce qu'ils pensent du pardon et de la réconciliation.

La journée d'évaluation consiste aussi à parler de ce qu'ils ont appris durant les ateliers de développement personnel.

Les réponses suivantes proviennent d'un groupe d'anciens prisonniers.

Ils ont mentionné qu'ils ont appris à mieux se connaître et à se respecter mutuellement, à écouter leurs pensées et leurs émotions et à les exprimer dans un endroit protégé. Qu'ils ont appris à dire la vérité, à mieux saisir le sens du génocide et du deuil, à être plus tolérants. Qu'ils savent maintenant qui a besoin du pardon et qui l'accorde, que pardonner n'est pas oublier. Qu'ils trouvent que l'absence de pardon vaut mieux qu'un pardon superficiel, mal accordé ou forcé.

Un participant d'un autre groupe a précisé :

« Avant de participer aux ateliers de développement personnel je n'avais peur de personne. J'étais violent. Je ne respectais ni ma femme ni mes enfants. Je suis commerçant mais ma femme ne savait pas où je gardais mon argent et mes biens. Après la formation j'ai demandé pardon à ma femme et nous nous sommes réconciliés. Maintenant l'argent et les autres possessions ne sont plus miens mais nôtres. À la maison tout va bien et mes voisins peuvent en témoigner. Tout est vraiment AMEN. Avant la formation j'aimais me présenter comme une personne né de nouveau. Je pense qu'aujourd'hui je suis réellement né de nouveau. Je souhaite que beaucoup de gens puissent bénéficier de ces ateliers. »

Un groupe d'enseignants, après la formation, a dit que même si une personne ne peut pas changer son histoire, elle peut au moins réapprendre à vivre puisque nul ne devrait rester prisonnier de son passé.

Savoir qu'un criminel d'aujourd'hui peut faire du bien demain à celui qu'il a offensé devrait nous rendre patients. Si une personne ne peut pas pardonner, ce n'est pas qu'elle est assurément mauvaise, mais c'est qu'elle n'a pas encore entamé ou achevé un processus de pardon.

Comme c'était la période où les ex – prisonniers revenaient dans la communauté, ces enseignants ont exprimé qu'il faudrait être patient à leur égard et les aider dans la mesure du possible dans leur intégration. Ils ont utilisé cette expression que j'entendais pour la première fois : « *Injangwe yagiye mu nkoko yitwa inturo. Kuyikura mu buturo igasubira kuba injangwe birarushya.* » (Un chat domestique qui se met à manger des poules devient un chat sauvage. Le rendre à nouveau un chat inoffensif demande du temps.)

C'est pendant cette journée d'évaluation que les participants reçoivent un certificat de participation. Il ne les autorise cependant pas à animer les ateliers de développement personnel. Il est donné à ceux qui terminent la formation des formateurs c'est-à-dire à ceux qui participent aux ateliers sur le projet de vie et la relation d'aide.

La loi du détachement

« Dans le détachement se cache la sagesse de l'incertain.

Cette sagesse nous libère des entraves créées par le passé, par le connu.

Elle ouvre la porte de la prison qu'a construite notre conditionnement au

passé.

En acceptant d'entrer dans l'inconnu,

dans le champ de tous les possibles,

nous nous abandonnons à l'esprit créatif,

au chorégraphe de la danse de l'univers. »

Dr Deepak Chopra

Détachement

Le détachement est la quatrième étape du processus du deuil. Après le processus du pardon,

la personne se sent en paix par rapport aux disparus. Elle ressent comme une sorte de feu vert que ces derniers lui donnent. Ils lui demandent de continuer la vie pour eux, mais sans eux. D'oser la vie.

Par contre ceci n'est pas très évident. La personne était attachée aux siens. Ils ne sont plus.

Se détacher crée un certain vide autour de soi. Comment va-t-elle faire?

L'être humain est une créature sociale. Je crois qu'on n'est pas en équilibre tant qu'on n'est pas relié aux autres et à certaines choses.

À qui vais-je faire confiance pour combler ce vide? Ne vais-je pas être trahi? Ne va-t-on pas me torturer, me faire mourir à mon tour?

La personne peut se demander si elle n'est pas devenue un porte-malheur.

C'est alors qu'interviennent deux autres ateliers : celui du projet de vie pour parachever le cheminement du deuil à la vie guérie des blessures, et celui de la relation d'aide pour aider les autres à faire le même cheminement et guérir à leur tour.

Ils sont donnés à certains des participants choisis pour devenir à leur tour des facilitateurs d'ateliers de développement personnel.

« Où nous rendons-nous si ce n'est au centre de nous-mêmes? »

Auteur inconnu

L'atelier sur le projet de vie

Cet atelier est la quatrième session des Ateliers de Développement Personnel. Il permet de jouir de la vie et d'améliorer les relations sociales. Comme l'a bien spécifié Gasibirege, « le projet de vie commence avec les blessures que nous avons et finit par la paix à laquelle nous aspirons. » Cet atelier nous fait revisiter notre histoire, analyser notre présent et nous permet de décider "comment orienter notre futur".

Aux moyens d'exercices, les participants apprennent à identifier les scénarios assimilés dans l'enfance pour plaire à leurs parents sans tenir compte de leurs désirs et de leurs émotions, et pouvoir survivre dans ce monde. Ils se remémorent les messages accumulés dans l'enfance ainsi que les injonctions reçues. Certains se rappellent les belles paroles que leurs parents leur adressaient. D'autres se rappellent les relations avec leurs parents et se rattachent davantage à eux. Cependant il n'y a pas que les bonnes appréciations qu'ils peuvent retracer puisque certains parents ont pu les déprécier en doutant fort qu'ils accomplissent quelque chose de valable dans la vie, ou en les traitant de chiens, ou en les comparant à d'autres filles, d'autres garçons, ou encore en les traitant de vauriens... Il y a aussi ceux qui étaient maladifs et qui avaient droit à des commentaires pessimistes comme « *Ni ah'Imana n'Abaporoso* » (Certainement qu'il faudra l'intervention de Dieu et des Protestants). Des participants disent que leurs comportements reflètent l'opinion que leurs parents avaient d'eux... Sauf être des chiens tout de même!

Ils apprennent qu'en général ce que nous sommes aujourd'hui s'enracine dans ce que nous avons été dans le passé, au cours de notre enfance. La manière dont nous appréhendons le monde et dont nous nous comportons peut découler de ce que nous avons décidé à cet égard au cours de notre enfance. Nos scénarios sont souvent une réponse à la question fondamentale de nos vies : comment obtenir un amour et une attention inconditionnels, permanents, assurés pour toujours?

Mais notre réponse peut être est une solution immature, irresponsable donc inappropriée durant l'âge adulte. Pour être un adulte accompli il y a lieu d'identifier les besoins qui n'ont pas été satisfaits quand on était petit, trouver les moyens d'y répondre adéquatement en tant qu'adulte en utilisant les ressources appropriées d'une personne mature au lieu de compter sur les solutions miracles des scénarios de l'enfance et parvenir ainsi à l'autonomie.

Pour cela il faut réviser et réévaluer les messages tant positifs que négatifs (les injonctions, attributions, croyances ou programmes) auxquels nous avons été soumis – et /ou auxquels nous sommes soumis – et les remplacer s'il y a lieu. Il s'agit alors de retracer et récupérer la beauté des êtres merveilleux que nous sommes, et d'apprendre à exprimer harmonieusement nos émotions, nos besoins et nos désirs.

Tous ceux qui terminent cet atelier en sortent joyeux et amicaux, avec des yeux brillants et des visages rayonnants.

Voici ce qu'en ont dit des veuves du génocide : « Nous éprouvons une grande joie. Maintenant nous savons comment vivre. Cet atelier nous a lavées. Nous allons vivre en paix, gérer nos émotions, jouir des bienfaits du pardon. Maintenant nous avons une vision et des forces. »

L'une d'entre elles a dit que maintenant elle peut dire oui ou non.

Une autre a dit qu'elle allait demander à Dieu la sérénité d'accepter ce qu'elle ne pouvait changer.

Une autre encore a dit savoir qu'il y avait un homme emprisonné parce qu'il avait tué les membres de sa famille. Elle a dit qu'elle sentait le besoin d'aller le rencontrer et de parler avec lui. Que peut-être cela serait le début du processus du pardon.

Une autre a dit ceci : « La guérison du cœur, c'est la guérison d'un pays. C'est un long processus mais je crois qu'il est possible. Ce que je crois est que je suis capable. Je donnerai le meilleur de moi-même. »

Un autre participant a raconté ainsi son cheminement : « J'avais neuf ans quand le génocide a eu lieu. Mon père est mort d'une façon atroce. Je suis resté avec ma mère et ma sœur. Après je suis retourné à l'école et j'ai terminé mes études primaires. J'ai commencé l'école secondaire sans inquiétude puisque je pensais que le FARG allait payer mes études comme il le faisait pour d'autres enfants rescapés du génocide. Mon oncle paternel a commencé à me détester sous prétexte que je ne ressemblais à personne de ma famille, que ma mère n'avait qu'à m'emmener à mon géniteur. J'ai cru que le ciel était tombé sur moi, mais ma mère a continué à me soutenir mais sans grand succès.

En deuxième année j'ai été rayé définitivement de la liste des bénéficiaires du FARG. Ma mère est morte durant la même année. Je suis devenu comme figé, puis j'ai décidé de me suicider en me laissant dévorer par des bêtes sauvages. J'ai passé deux nuits dans la forêt. La troisième, le préfet de discipline m'y a trouvé assis et m'a ramené à l'école et a commencé mon *counseling* mais je ne lui prêtais pas attention. Il est allé trouver le directeur de l'école et à eux deux ils ont cherché d'autres projets qui ont payé mes frais de scolarité. J'ai continué mes études sans pour autant faire vraiment confiance en personne. J'étais incapable d'entrer dans un site de commémoration de génocide. D'ailleurs à chaque commémoration nationale, je me retrouvais à l'hôpital.

Quand j'ai commencé les ateliers de développement personnel, j'étais partagé. De quel genre sont ces facilitateurs? Sont-ils différents des autres gens qui ne m'inspirent plus rien de bon? Si j'ai été haï par celui qui devait m'aimer et me protéger, que feront-ils de différent? Pourquoi veulent-ils entrer dans ma vie? Ils veulent m'enfoncer encore dans ma souffrance, me faire retourner à l'hôpital, faire que je me morde encore la langue dans mes crises traumatiques… Mais ils étaient patients, compréhensifs, bons. J'en étais étonné. Après l'atelier sur le deuil, je me suis mis à détester de nouveau tout le monde puisque la formation avait fait resurgir toute ma peine. Mais les facilitateurs ont continué d'être près de moi et j'ai osé revenir à l'atelier sur la gestion des émotions. Timidement, j'ai commencé à m'accueillir.

C'est après l'atelier sur le pardon et la réconciliation que j'ai pu m'accepter avec toute mon histoire. Mon projet de vie a consisté à me payer des études universitaires. Après la première année j'ai trouvé un autre travail et j'ai cessé d'enseigner. En terminant je remercie Simon Gasibirege, auteur des ateliers de développement personnel, « World Vision » qui a financé la formation et les facilitateurs, et je vous dis que je me sens tout simplement revivre. »

Une autre participante a ajouté : « La vie est un chemin qui tantôt monte, tantôt descend… Ma vie a quelquefois fait des tournants inquiétants. Mon mari a sauté sur une mine posée par les infiltrés et en est mort. Nous étions mariés depuis cinq ans et avions un enfant d'une année. Je ne me sentais plus capable d'aimer, ma vie s'était arrêtée avec la mort de mon mari.

Puis j'ai été invitée à une formation sur la guérison des blessures intérieures que les facilitateurs appelaient les ateliers de développement personnel. Cette formation m'a soulagée d'un énorme poids. J'ai appris que la vie est un parcours et décidé de réécrire mon histoire, de vivre en paix avec mon passé. Je me suis découverte la capacité d'aimer à nouveau.

Maintenant j'envisage d'avoir un autre enfant puisqu'avec les charges que j'ai à cause des orphelins que j'ai recueillis, je ne peux pas me marier et les abandonner. Je remercie tous ceux qui m'ont aidée à réorienter ma vie, dont Béatrice et Illuminée. Que Dieu les bénisse. »

Un autre encore d'ajouter : « Quand je suis rentrée du Congo où je m'étais refugié après le génocide de 1994, j'ai trouvé ma mère décédée. Je commençais à me reconstituer au moment où les infiltrés ont débarqué et alors nous avons recommencé à fuir. Tout en courant, je ne pouvais pas m'empêcher de penser à ma mère. Je regardais aussi ma femme, mes enfants, affamés, souffrant de froid et je me sentais inutile surtout que tous mes biens venaient d'être complètement détruits. Dieu merci nous avons survécu à cette guerre.

Bien après j'ai été invité à suivre des ateliers de développement personnel où j'ai pu faire face à mon passé, à mes blessures, à mes sentiments. J'avais ainsi l'occasion de m'accepter tel que je suis et de ne pas rester coincé par ma douleur.

Maintenant je me sens en paix et je souhaite que ceux qui sont comme moi avant cette formation puissent faire le même processus de guérison que moi. »

« Il n'existe pas de meilleur exercice pour le cœur
que de se pencher pour aider quelqu'un à se relever. »

John A. Holmes

L'atelier sur la relation d'aide

Cet atelier enseigne les techniques d'une bonne relation d'aide. Les participants, tout au long des autres ateliers souhaitent que tous les autres Rwandais puissent y participer. Ils sont enchantés d'avoir été choisis et trouvés dignes d'aider les autres.

Ils sont en effet identifiés suivant certains critères : avoir démontré un réel désir de guérir eux-mêmes, vouloir aider les autres, avoir un certain niveau d'éducation pour pouvoir mieux assumer leur rôle de facilitateurs, avoir une certaine disponibilité pour ce faire et un grand vouloir et respect de la confidentialité.

Cet atelier aide aussi à voir clair en eux-mêmes et à corriger leur façon habituelle d'aider les autres. Beaucoup de personnes ont, en effet, un grand désir et la volonté de venir en aide aux autres. Souvent même ils en prennent l'initiative.

Ce qui suit le démontre :

Kasagara faisait partie d'un des groupes que j'animais en République Démocratique du Congo. Il a raconté qu'un mari et son épouse se battaient au moins quatre à cinq fois par semaine. Nous, leurs voisins, en étions très incommodés. Ils venaient souvent chez moi pour emprunter des ustensiles de cuisine ou, quelquefois, prendre de quoi manger. J'ai sollicité de mener une médiation auprès de ce couple dont le mari était militaire. La femme était d'accord et m'a aidé à voir comment faire pour que son mari accepte aussi de venir le matin vers six heures et d'organiser une prière en vue de le protéger de ses ennemis les Mai-Mai, un groupe de combattants en RDC. Le couple s'est réconcilié et je suis rentré tout à fait content de moi.

Deux semaines après ce militaire a été « muté » à 15 km de son domicile. La femme a donc profité de l'absence de son mari pour rendre visite à sa famille sans avertir ce dernier et y est restée deux jours. Lorsque le mari est rentré à la maison il a trouvé la porte fermée. Il a appris par les voisins que sa femme était partie depuis deux jours.

Il est venu directement chez-moi pour se décharger de toute sa fureur alors que j'étais encore au service. Il a dit à ma femme que son arme n'était pas destinée à tuer les arbres ou les pierres mais bel et bien les êtres humains. Il a dit à ma femme qu'il allait m'écraser la tête! Dieu merci il ne l'a pas fait mais il a déclaré qu'il divorçait d'avec sa femme sans attendre qu'elle lui donne une quelconque explication.

D'autres accueillent des personnes qui viennent leur demander conseil. Les Rwandais aiment demander conseil et en donner. Ce qui se passe souvent c'est que la personne qui donne conseil va dire de faire ce qu'elle ferait si elle était à votre place. En voici un exemple.

Une jeune mariée commençait à ne pas s'entendre avec son mari. Elle a donc demandé à sa voisine ce qu'elle pouvait faire. Celle-ci lui a répondu : « Attends que ton mari se couche. Place-toi au pied du lit et arrose-le d'injures, vide ton cœur. Parce qu'un homme, quand il est déjà couché, ne se lève plus et tu ne risques rien. » La femme est partie, peu convaincue et est allée trouver une autre femme. Elle lui a raconté ce que l'autre lui avait conseillé. Elles en ont ri toutes les deux en se demandant si être au pied du lit est tellement loin que le mari en se mettant assis seulement et en allongeant le bras ne peut pas vous atteindre. « Mais que dois-je faire? » a demandé la malheureuse femme, « puisqu'il ne me laisse même pas parler? » L'autre femme lui a répondu : « Voici ce que tu vas faire. Tu vas mettre sur papier tout ce que tu veux lui dire. Explique-lui simplement comment tu vois les choses et ce qui te fait mal; et surtout pas d'injures qui ne feraient que compliquer la situation. » La femme est partie et a mis immédiatement ce conseil en pratique. Elle a écrit longuement à son mari, a mis la lettre dans une enveloppe et l'a mise sur la table de nuit de son mari. Quand celui-ci est rentré du bar le soir, il a vu la lettre, l'a regardée de près. Quand il a remarqué que l'écriture était celle de sa femme, il l'a déchirée sans la lire.

Chaque femme, de bon cœur, lui avait donné sa propre recette qui évidemment n'était pas universelle.

En ce qui me concerne, j'aime beaucoup la façon dont les techniques de la relation d'aide procurent des garde-fous à l'aidant. J'apprécie particulièrement cette phrase : « Sauveur, sauvez-vous vous-même ». Elle donne à réfléchir. Ainsi, dans toute demande d'aide il est important de se poser aussi ces 5 questions qui sont des points de repère pour l'aidant et qui l'orientent en même temps vers une bonne relation d'aide:

- Ai-je une demande? (Exprime-moi clairement ce dont tu as besoin...)

- Ai-je la compétence nécessaire pour y répondre et suis-je bien en mesure de t'aider à trouver une solution, c'est-à-dire à t'aider à résoudre ton problème?

- Ai-je vraiment la disponibilité nécessaire à cet effet?

- Ai-je le désir et l'envie de t'aider?

- Est-ce que l'autre est prêt et résolu à participer activement?

Comme on peut le constater, la formation dont je parle s'avère être très intéressante et productive.

C'est au moyen de celle-ci et grâce à certains exercices qu'elle propose que l'on découvre pourquoi les choses ont pu mal tourner alors qu'à la base il n'y avait que le désir d'aider. Les aidants apprennent à ne pas courir proposer leur aide, à attendre qu'il y ait une demande claire de la part des personnes qui la désirent ou en ont besoin. Les aidants ont à se préparer afin d'être en mesure de répondre adéquatement aux questions précédentes et de devenir plus efficaces dans leur façon d'intervenir.

Quand toutes les conditions préalables sont réunies, c'est alors que les aidants peuvent être aptes à aider les gens à voir clair dans ce qu'ils vivent tout en leur rappelant que dans ce qu'ils sont en train de vivre, ils sont toujours OK . Ils les invitent à puiser dans leurs propres ressources spirituelles et humaines afin de surmonter les obstacles qui les bloquent et de « remonter la pente. »

En ce qui concerne la formation à l'animation des ateliers, il est entendu que ceux qui les animent ou animeront auront d'abord participé personnellement aux ateliers de développement personnel. Avant d'en animer eux-mêmes comme facilitateurs ils y auront participé aussi comme co-facilitateurs dans de nouveaux groupes. Ils auront, dès lors, acquis de l'expérience et de l'assurance et ils auront bien intégré la méthodologie à suivre.

Débriefing

Les participants guérissent mais qu'en est – il des facilitateurs qui eux «
ont ramassé et ramassent tout ça? »

Il était entendu que le bon déroulement du programme dépendait de la
bonne santé physique et mentale des facilitateurs, d'où la nécessité des
rencontres de supervision que nous appelions sessions de débriefing.

Quand le budget le permettait, nous nous retirions très loin de notre zone
de travail, dans un endroit calme et attrayant. Le but en était de nous
imprégner de beauté et de nous remémorer qu'il n'y avait pas que la
souffrance et la misère que nous côtoyions, comme ce l'était lors de nos
interventions dans la communauté. Lors de ces rencontres nous avions à
remettre ensemble les parties fragilisées de notre être intérieur.

Nous nous rendions souvent en Ouganda à Jinja où nous avions
l'occasion de visiter les chutes de Bujagali, ou bien à côté des voiliers
superbes où un paysan nous offrait la possibilité d'admirer un spectacle
étonnant en descendant les chutes du Nil sur un bidon en plastique. Une
autre fois nous nous sommes rendus à Entebbe au bord du lac Victoria.
Nous allions parfois ailleurs. Cependant, quand nous n'avions pas assez
d'argent, nous nous contentions de coins non moins ravissants du
Rwanda comme Kibuye, Gihindamuyaga, Kigufi, ou Akagera.

C'était une personne qualifiée qui venait nous aider à évacuer le lourd
fardeau de tout ce que nous avions entendu et vécu. Nous avions

l'occasion de parler de ce qui nous écrasait et qui nous était devenu difficile à porter. Et nous en avions vraiment beaucoup! Parfois c'était un récit très pénible. D'autres fois c'était juste un geste d'un participant qui faisait que tout basculait. Je me rappelle, à ce propos, d'une dame du Canada qui était venue aider les enfants à guérir de leurs souvenirs atroces. C'était la première fois que nous mesurions à   l'intensité des blessures des enfants; celles reliées au génocide qu'ils avaient vécu aussi.

L'un des exercices à faire était de dessiner trois fenêtres qui symbolisaient respectivement le passé, le présent et le futur. Les enfants devaient ensuite les colorier suivant leur perception de la vie. L'un d'entre eux a mis du rouge dans la fenêtre représentant le passé et du noir pour les deux autres. Quand on lui a demandé la signification des couleurs choisies, il a expliqué que le passé était plein de sang, que le présent était noir, et que de la même couleur était le futur. Cet enfant ne voyait pas de sens à sa vie présente et son futur était sombre. Je me suis sentie et me sens tout simplement désarmée devant la souffrance d'un enfant. C'est déjà difficile pour une grande personne de souffrir. Voir un enfant qui souffre à cause des fautes des grandes personnes me déchire le cœur.

Un autre exercice consistait à modeler des mains. Chacun devait poser ses propres mains sur la claie et y laisser ses empreintes très clairement. Au dos de chaque main il avait à inscrire les noms des membres défunts de sa famille.

À la fin de l'atelier, les enfants ont rapporté avec eux tout ce qu'ils avaient fabriqué de joyeux et de moins joyeux, y compris les mains. Une fille du groupe est venue à moi et me les as flanquées dans les bras en disant : « *Ngibi nawe bitware!* » (Ce qui veut dire à peu-près : Les voici, prends les donc toi aussi!) Je les ai prises et je les ai apportées chez moi sans trop savoir quoi en faire. Cette nuit-là j'ai rêvé que je portais des os humains dans une enveloppe!

Malgré tout cela nous revenions de ces sessions revivifiés et pleins de courage pour continuer ce travail de guérison communautaire des blessures de la vie.

« Si tes projets portent à un an, plante du riz;

à vingt ans, plante un arbre;

à plus d'un siècle, développe les hommes. »

Proverbe chinois

Non pas le retour d'âge mais le projet de vie (Amajigija)

J'ai travaillé pour *World Vision* à partir de novembre 1994. Mon travail a toujours été auprès de la communauté et, comme déjà mentionné, dans le domaine de la guérison des blessures de
la vie. J'ai tout d'abord œuvré avec des enfants mal nourris puis avec des jeunes et des adultes. Le travail sur le terrain, pendant plus de dix ans et souvent sur des routes très mauvaises et dans des changements de climat –selon les lieux de travail – a eu des répercussions sur mon dos et mon estomac.

Cela faisait plus de deux ans que je demandais en vain à mes supérieurs de me dispenser du travail sur terrain. La sensation de ne pas être considérée est alors devenue accablante.
« Étais-je devenue inapte? » Non pourtant, puisque les résultats de mon travail et les évaluations de mes supérieurs démontraient le contraire.

J'ai failli tout laisser tomber un jour même si je n'avais pas d'autres sources de revenu et que j'avais trois enfants à ma charge. J'ai même commencé à ramener à la maison mes documents : tout ce qui n'appartenait pas à « World Vision ». Je ne comprenais pas leur indifférence que j'interprétais comme étant du mépris à mon égard. Pourtant un tel disait à tel ou à tel autre de s'occuper « de mon cas! » Mais personne ne faisait rien.

J'ai même entendu, une fois, dans le corridor près de mon bureau, la voix d'une de ces toutes puissantes personnes qui faisaient le beau et le mauvais temps. Instinctivement j'ai fermé ma porte et me suis bouché les oreilles. J'ai ainsi réalisé que cela devenait très grave. J'ai donc pris quelques respirations profondes pour me calmer. Puis soudainement j'ai pensé à ces autres centaines de femmes de mon âge qui se cramponnaient à un travail qui ne les satisfaisait plus parce qu'elles ne pouvaient pas s'en libérer et en changer facilement. J'ai pensé à toutes ces femmes qui n'ont pas eu la chance de faire des études très poussées et qui se retrouvaient dans des universités à faire des études tardives pour combler ce vide; du moins à celles qui pouvaient se le permettre. Parce que, dans les faits, l'expérience au travail, aussi longue soit-elle, ne suffit plus.

Puis il y a un autre problème auquel je pensais : celui de bien des femmes qui se posent la question suivante : comment satisfaire les conditions d'admission à un nouveau poste alors qu' il y en a une qui demande d'avoir moins de quarante-cinq ans? Est-ce que nous sommes devenues « bêtes et incapables » tout d'un coup?

Pourtant ne possèdent-elles pas une grande maturité? De plus ne possèdent-elles pas une grande expérience de la vie?

Que faire alors pour leur redonner confiance en elles-mêmes alors que c'est aussi pendant cette période que se situe l'étape de la pré-ménopause et de la ménopause : que les muscles et les os font mal, qu'elles souffrent de bouffées de chaleur et de malaises de tous genres, qu'elles ont peur de vieillir et de se sentir diminuées aux yeux de leurs maris (pour celles qui en ont encore un)?

C'est pour alléger la situation de ces femmes que j'ai alors pensé fonder une association qui s'occuperait des femmes ayant entre quarante et soixante ans. Cette tranche d'âge s'appelle « *Amajigija* » en kinyarwanda.

Ces femmes se verraient offrir et avoir l'opportunité de se soulager de toutes leurs frustrations et même de guérir leurs blessures puisque, comme les autres membres de la communauté rwandaise touchés par le génocide, l'exil, les guerres et tout le cortège des conséquences qui en ont résulté, cette catégorie de femmes souffre de traumatismes, de blessures intérieures profondes souvent non exprimées. Si elles en souffrent c'est que la culture rwandaise leur a appris à bien cacher leurs émotions, de peur de paraître faibles. Arrivées à cet âge, la plupart d'entre elles sont veuves, responsables d'une nombreuse famille, souvent en train d'élever seules leurs enfants et même des petits enfants souvent nés de mères célibataires. Elles le font avec l'inquiétude du lendemain, la frustration d'avoir échoué dans l'éducation des enfants et l'anxiété de ne pas être à la hauteur. Leurs souffrances psychologiques se sont traduites ou se traduisent encore par des maux physiques : maux de tête, de dos, d'estomac, voire même le cancer qui pourtant était rare au Rwanda.

Je me posais et me pose encore les questions suivantes : est-il possible de partir de cette expérience acquise à l'école de la vie et de leur permettre d'apprendre à se relever et aller de l'avant? Pouvaient-elles et peuvent-elles envisager d'autres perspectives d'avenir et être des agents de paix et de changement dans leur milieu et ainsi envisager de vieillir avec sérénité?

Ma réponse est oui!   Une recherche que j'ai effectuée auprès des femmes d'AVEGA[9] de Kigali l'a démontré.

Il y a bien sûr des prérequis à cela. Il faut tout d'abord qu'elles puissent guérir de leurs blessures intérieures, ce qui leur permettrait de recouvrer la paix et leur redonnerait de la confiance en elles. Elles ouvriraient les yeux sur leurs potentialités cachées, les feraient émerger et constateraient qu'il y a plein de ressources en elles et autour d'elles. Elles deviendraient des agents de paix et de changement dans leur milieu et jouiraient d'une vie heureuse et positive. Elles pourraient se consacrer à des projets générant des revenus et posséderaient des économies prospères. Elles seraient utiles à leurs familles et à la société qui y gagnerait en têtes et bras encore solides pour contribuer à un développement durable fondé sur la paix.

Il m'a été donné de constater chez les membres d'AVEGA et d'autres femmes qui ont été prises en charge et ont pu ainsi guérir de leurs blessures et de leurs peines parce qu'elles ont participé à la même formation, une réelle métamorphose.

Les lettres suivantes, écrites à la fin des ateliers par certaines participantes, éclairent et attestent de leur joie d'avoir changé et d'avoir

---

[9] Association des Veuves du Génocide d'Avril 1994

donné une nouvelle direction à leur vie.

« Mon cher mari que j'aimais beaucoup.

La fois dernière je t'ai écrit pour t'annoncer ce qui m'est arrivé, je me sentais coupable de ne pas avoir été honnête envers toi, j'étais très triste et je me sentais coupable à cause des ennemis qui avaient préparé leur plan. Je me suis rendue compte que je n'ai aucune part de responsabilité dans ce qui m'est arrivé. Je vais te rappeler que c'est du viol dont je parle. Je me suis rendue compte que je dois vivre avec, parce que je ne suis pas responsable de ce qui m'est arrivée, je te demande aussi de l'accepter. Autre chose, c'est que j'ai eu un enfant qui n'est pas le tien, j'ai d'abord cru que j'étais condamnable mais après j'ai réalisé que, comme c'est un garçon, c'est mon compagnon et c'est le consolateur de ses sœurs, il n'a pas du tout gêné ses sœurs, mais il les réjouit jour et nuit, si bien que son père a voulu le prendre mais ses sœurs ont refusé.

Je voudrais aussi te dire que c'est lui qui prend la responsabilité de nous rappeler de faire ton deuil (prendre du temps à ta mémoire) en croyant que nous l'avons oublié. Cet enfant a été une grande joie pour nous à part que nous l'avons réalisé un peu tard. Je vais continuer à t'écrire.

Que la paix de Dieu soit avec toi!

Ton épouse».

 En voici une autre :

« Mon cher enfant que j'aime

Je suis très heureuse de t'écrire pour te donner de mes nouvelles et te faire connaître le pas que j'ai franchi dans le processus du pardon et de la réconciliation. Grâce à cette formation j'ai réalisé que quand il y a quelque chose qui me fait de la peine moi non plus je ne me pardonne pas, je me détruis, je détruis mon entourage et celui qui m'a fait de la peine (celui avec qui nous sommes en conflit).

La résolution prise aujourd'hui c'est de peser toujours mes mots quand je m'adresse à quelqu'un avec qui nous sommes en conflit parce que sortir mes mots brusquement a des conséquences sur moi-même et sur celui avec qui nous sommes en conflits.

Et puis, je ne demandais jamais pardon, aujourd'hui j'ai décidé de demander pardon à celui que j'aurais offensé. Je te demande de me le rappeler chaque fois que je vais passer à côté de cette résolution.

Ta maman ».

Et une autre :

« Lettre adressée à ma famille et à mon cœur.

Mes enfants chéris, je vous écris ces mots pour faire ensemble le nouveau processus de la vie. J'ai découvert beaucoup de choses qui me troublaient et qui avaient des conséquences sur nous tous.

Dès aujourd'hui, après avoir découvert ces émotions qui me troublaient et qui me poussaient à vous détruire, et à détruire mon entourage, je viens d'avoir la chance de savoir comment les gérer. Je vous demande de me soutenir dans cet engagement et d'être mes témoins à travers nos bonnes relations. Je décide de vous pardonner pour ce qui n'a pas bien marché, ainsi donc nous aurons la possibilité de pardonner à notre entourage. J'espère que si vous, ainsi que ma conscience me soutenez, je veux pouvoir y parvenir

Votre maman. »

Au moment de la restructuration due à la crise, « World Vision » a résilié mon contrat et je me suis retrouvée à la rue. Voici comment je l'ai vécu et comment un événement, même anticipé, n'empêche pas de souffrir.

Le 9 juillet 2010 je suis allée à Byumba dans la province du Nord – qui constituait mon principal champ d'activités – pour répondre à l'invitation de mon superviseur qui m'y avait appelée. Je ne savais pas que c'était pour me signifier que la décision de me renvoyer de « World Vision » avait été prise et qu'il était chargé de la mauvaise besogne de m'en informer. Je savais pourtant que cela allait arriver : le poste que j'occupais avait été supprimé au moment de la nouvelle restructuration. J'avais refusé de postuler à d'autres postes parce qu'ils combinaient beaucoup trop de responsabilités. Je disais que je n'étais pas supposée tout savoir et voilà que ce que je redoutais était là. Mais le comble était l'attitude de mon superviseur qui avait du mal à m'annoncer la mauvaise nouvelle. Être abattu plus que moi ne me semblait pas possible, mais lui n'en menait pas très large non plus. Il m'a dit que ce n'était pas facile de me dire que l'organisation me laissait tomber alors que je travaillais bien, que rien ne m'était reproché… Bref, je suis sortie de son bureau. La route Byumba-Kigali a été pour moi la plus longue de ma vie. J'avais tellement de peine, et je me sentais humiliée. C'était en effet la deuxième fois que « World Vision » me « chassait » de son service. C'est ainsi que je le ressentais. C'est ainsi que je le vivais.

Même si ce n'était que le fait de la restructuration, et que je l'envisageais déjà avant.

Dieu aidant, je suis arrivée chez moi. Je suis allée directement enfouir ma souffrance dans mon lit. Je ne peux pas dire que j'ai pleuré toutes les larmes de mon corps parce que j'en ai beaucoup mais cela m'a paru ainsi. S'il y a quelque chose que Dieu m'a donné et dont je ne le remercie pas vraiment, ce sont les larmes. Mais ce jour – là j'en ai versé en abondance. Un déluge! Puis j'ai commencé à envoyer, par téléphone, des messages annonçant la « mauvaise nouvelle ».

J'étais seule à la maison. Mes enfants étaient aux études et mon mari au Canada. Les réactions ont été différentes. Mes filles ont pleuré, mon fils et mon mari étaient en colère puisque j'avais presque donné ma vie à mon travail. Les autres membres de ma famille étaient étonnés, puis, peinés, ils essayaient de me consoler. Maman m'a téléphoné personnellement pour me réconforter.

Puis il y a eu John Steward. C'est un homme extraordinaire dont je veux donner ici un témoignage. John a travaillé pour « World Vision Rwanda » comme coordinateur du département de réconciliation et de construction de la paix. Après son mandat il a fait de la consultance, toujours au sein de « World Vision », surtout avec notre département de guérison, de la construction de la paix et de la réconciliation. John était parmi les spécialistes qui nous aidaient à évacuer les conséquences que les expériences pénibles vécues dans notre travail sur le terrain laissaient en nous.

Voici un mail qu'il nous a envoyé à mes collègues et à moi quand il a su que nous venions d'être renvoyés :

« Ce message est pour Illuminée, Donavine et Antoine, mes très chers amis et collègues de longue date.

C'est avec une grande tristesse que j'ai appris que vous avez eu des lettres de préavis. Que ceci puisse vous arriver à vous ressemble à une justice travestie. J'en suis vraiment désolé. Je prie pour que vous ayez la grâce durant ce moment de choc, pour que Dieu vous garde dans ses bras forts pendant ces moments de peine pour vous.

Je suis sûr que vous sentirez beaucoup d'émotions provenant de cette blessure et de cette perte; il se peut que ce soit aussi un temps de confusion. Votre vie a été mise sens dessus-dessous en un rien de temps.

Quand j'examine de plus près ces nouvelles, il semble que ce n'est pas du tout justifié, sauf que… mais ça l'est pour ceux-là qui ont pris cette décision. Pour eux cela a du sens puisqu'ils n'ont pas senti l'utilité de la guérison et n'ont pas perçu la profondeur de ce besoin chez les autres.

Dieu sait mieux que quiconque ce que vous avez fait durant ces 14 dernières années. Pour moi vous avez chacun apporté une magnifique et significative contribution au chemin de la guérison des Rwandais. Rien ne peut effacer ce travail et les grains que vous avez plantés, même pas les doutes et les railleries des autres. Personne ne peut vous prendre les efforts, sacrifices, amour et larmes que vous avez offerts à votre pays. Vous avez planté, et les fruits demeureront.

Maintenant vient l'ultime moment de confier votre vie à Dieu les bras ouverts et de demander au divin berger – qu'est-ce qui m'arrive, moi ta brebis, maintenant? Maître, où vais-je te suivre aujourd'hui?

Jusqu'ici vous avez transcendé la mentalité de victime, mais maintenant vous pourriez la sentir vous étreindre le cœur et l'esprit. Ceci est le moment d'aller aux pieds de la croix et de voir la sueur, les larmes et le sang de Jésus versés pour vous, pour ce moment de votre vie.

C'est pourquoi je prie pour vous, pour avoir la grâce, le courage et la sagesse. Et pourquoi nous apprenons encore le prix du pardon que nous n'aurions pas encore saisi.

Vous avez sauvé beaucoup de victimes, et maintenant vous en êtes devenus. Ceci n'est pas le fruit de votre travail – mais la conséquence de l'inhabileté de voir le Dieu tout puissant en œuvre à travers vous.

Je vous aime beaucoup et continue de prier – avec les mots qui ne peuvent pas être exprimés. Puissiez-vous être remplis de l'amour de Jésus – qui seul comprend la profondeur de votre chagrin. J'espère vous revoir, mais en attendant « Merci » pour tout ce que vous m'avez appris et m'avez donné. Je reste votre débiteur.

John Steward Ruhumuliza »

Ce qui était difficile à ce moment-là c'est que je recevais là un mois de préavis et que j'avais ainsi un mois à travailler dans ce milieu. J'ai même eu à participer au séminaire de gestion des émotions que « World Vision » avait organisé pour les employés dont il devait se séparer. Quelle ironie! Puis il y avait que certains de mes collègues qui étaient sur la liste des renvoyés étaient désespérés. Ils n'avaient pas été prévenus comme nous et avaient été surpris par la décision. Comparativement à eux, j'étais solide! J'étais parmi les co-facilitateurs de cet atelier. À la fin de la session c'est l'un des hauts dignitaires de « World Vision *Rwanda* » qui est venu clôturer la session. Avec un bon discours comme ils savent les faire. Pendant qu'il parlait, les mots de la chanson de Dalida résonnaient en moi : « Encore des mots, toujours des mots, les mêmes mots, rien que des mots... »

Simon Gasibirege qui avait animé cette session était parti pour Butare où il devait faciliter une formation. Il n'avait pas eu le temps de faire un débriefing avec les co-facilitateurs. Quand il m'a appelée pour me demander comment je me sentais après cette journée et comment j'avais trouvé l'intervention de clôture de « World Vision », je lui ai répété la chanson de Dalida mais à haute voix. J'arrivais à ce moment-là devant l'ambassade des Etats-Unis qui se trouvait sur mon chemin de retour à la maison. Heureusement! Il n'y avait personne aux alentours! Je pense cependant que Simon a pu croire que je perdais un peu la raison.

Puis j'ai organisé mon départ. J'ai rapporté mes livres personnels pour que « l'après-moi » soit sans problème. J'ai demandé à Dieu la force d'aller jusqu'au bout.

Le dernier jour à « World Vision », j'ai remis tout le matériel qui avait été mis à ma disposition à la personne qui avait été désignée pour la tâche. J'ai remis les clés du bureau et je suis partie sans même pouvoir dire au revoir. C'était au-dessus de mes forces.

En route un collègue chauffeur m'a offert de me ramener à la maison dans le véhicule du N0 deux de « World Vision ».

Quand je suis entrée chez-moi j'ai pu respirer et me dire « Ouf! Je m'en suis sortie »! Je me suis dit que je n'allais pas demander du travail ailleurs et donner à d'autres le plaisir de me renvoyer à la première occasion. C'est alors que j'ai choisi de travailler dans le domaine de la consultance afin de demeurer maîtresse de moi-même.

Mon départ de « World Vision » n'a rien entamé quant à mon projet d'Amajigija. Plus que jamais j'en avais le désir en moi et l'enthousiasme. J'en avais aussi le rêve : celui de partager ce que j'avais acquis et qui, j'en suis sûre, aiderait beaucoup de femmes. Comme cela l'avait été pour moi.

J'étoffe ma décision par cette phrase dont je ne connais pas l'auteur :

« *... I refuse to die with my dreams and gift inside, taking it to the grave as most do. I feel it is my duty to live the best life I can live, be the best*

114

person I can be, and pass that gift on to as many other people as I can in my lifetime. »[10]

J'ai alors planifié la facilitation de mon tout premier groupe d'Amajigija. Puisque personne ne m'avait demandé la formation et que c'est moi qui l'offrais, j'ai décidé qu'elle allait être gratuite. Je devais la faire chez moi puisque je n'avais pas assez d'argent pour louer une salle de formation. Je ne devais pas non plus dépasser dix personnes puisque mon salon ne pouvait en contenir plus.

Jamais ateliers n'ont été préparés avec autant d'amour ni d'entrain que ceux-ci. En déplaçant l'un ou l'autre fauteuil et en y ajoutant quelques chaises de la salle à manger, j'avais une place pour dix personnes. J'ai enlevé quelques tableaux du mur et ai pu dégager de la place pour afficher les flip-charts.

J'étais prête, Amajigija pouvaient venir.

Le nombre prévu de dix femmes n'a pas été atteint. Certaines ont eu des empêchements de dernières minutes, d'autres sont tombées malades. Quatre sont venues mais trois seulement ont complété tous les ateliers. Elles ont suivi les trois ateliers de base : ceux sur le deuil, la gestion des émotions et le pardon et tout cela gratuitement. Elles m'ont rémunérée pour celui sur le projet de vie.

En voici le compte-rendu :

---

10 Je refuse de mourir avec mes rêves et mes dons, de les emporter dans la tombe comme font la plupart des gens. Je sens que c'est mon devoir de vivre la meilleure vie que je puisse vivre, être la meilleure personne que je puisse être et passer ce don à plus de gens possibles, autant que je le peux dans ma vie. (Ma traduction)

De 8h30 à 16h00 pendant quatre jours nous étions en formation. Lise, notre fille, venait de terminer le secondaire et demeurait à la maison. Elle nous préparait le thé de 10h30 pour notre temps de pause, puis venait partager notre repas de midi.

Au deuxième atelier elle m'a demandé ce qui se passait puisque les poubelles qu'elle vidait n'étaient plus remplies de papier mouchoir comme à la première session. La première session étant celle du deuil il s'y exprimait beaucoup de douleurs, de chagrin et les larmes abondaient, d'où les papiers-mouchoirs dans les poubelles. Elle m'a dit en badinant que « nous lui devions des indemnités de libre circulation vue qu'une certaine partie de la maison lui était interdite durant les heures de formation. »

Je ne me suis pas encore acquittée de cette dette à l'heure où j'écris ceci.

Après ce groupe j'en ai dirigé un autre d'Amajigija. Ce n'est pas moi qui l'avais demandé, et cette fois-là, en plus, j'étais payée. J'y avais été envoyée puisque Simon Gasibirege, qui avait été sollicité et devait s'en occuper, n'était pas disponible. Les membres de ce groupe étaient tous des femmes. Parmi elles, 99% étaient des veuves du génocide. Quand je leur ai parlé de mon projet, elles en ont été ravies, ce, d'autant plus quand je leur ai dit que mon plus grand souhait était que les femmes ne puissent pas vieillir avec un cœur aigri. Je leur ai donné en exemple une femme qui était secrétaire dans une université. Cette femme, quand un étudiant allait demander un document, elle ne le laissait même pas expliquer pourquoi il était là. De plus, elle s'adressait aux étudiants d'une façon tellement brutale et méchante qu'ils l'avaient surnommée « la laide». Pourtant cette femme n'était pas moche du tout, paraît-il.

Un jour ma fille m'a, elle-même, demandé si je ne pouvais pas l'intégrer dans mon projet d'Amajigija, moi qui aime aider les femmes.

Suite à ces expériences, je peux en donner des résultats.

Quels en ont-ils été?

Les femmes sont devenues très belles! Ceci n'a rien avoir avec ce que beaucoup appellent avoir des traits réguliers ou autres standards définissant la beauté extérieure. Non. C'est beaucoup plus que cela. C'est un visage qui brille de toute la paix intérieure qui l'éclaire. C'est un calme tranquille qui transpire de la personne. Ce sont des yeux qui révèlent un cœur guéri des rancœurs, de l'agressivité. C'est un cœur qui a su renaître à la vie. Les femmes soignent davantage leur apparence. Certaines se remarient ou entreprennent des études interrompues. Il y en a qui se font percer les oreilles et commencent à porter des boucles d'oreilles. Une d'entre elles s'est permis des soins de pédicure. Une autre des participantes s'est promise de perdre 1kg par mois en faisant de la natation et veut ainsi diminuer l'intensité de son diabète.

Toutes étaient contentes après l'atelier. Toutes étaient joyeuses et paisibles. Elles avaient reconquis leur autonomie parce qu'elles s'étaient autorisées à exprimer leurs émotions dans un endroit qui le leur avait permis.

C'est de ce même groupe que j'ai parlé dans le chapitre sur le projet de vie. Elles ont remercié vivement celle qui les avait aidées à réaliser leur unité intérieure.

J'ai noté qu'on peut tout réaliser à partir d'une telle démarche car ce n'est pas une question de retour d'âge mais plutôt d'avoir un projet de vie, de se ressaisir et de s'améliorer. Quoi de plus normal que de vouloir s'aimer et se respecter davantage! N'est-il pas opportun de se rappeler cette phrase de Gandhi à propos de la femme : « Je me suis tellement sacrifiée que j'ai oublié de vivre. »   Avec ce groupe j'avais atteint mon objectif. J'étais aux anges! Je me suis dit que j'allais continuer. Tant que j'en aurais la possibilité.

Épilogue

C'est mon histoire et celles de tant d'autres, qui, comme moi, ont vécu des moments d'enfer.

Ce que j'y raconte n'est qu'une petite partie, extraite du travail fait pendant plus de seize ans.

La volonté de guérir de ceux qui ont participé aux ateliers de développement personnel et le désir de mes collègues ainsi que le mien ont fait que nous avons gratté là où nous avions mal. Ou cela faisait mal.

Ce que j'ai rapporté n'est qu'un pâle reflet du travail effectué pour aider les individus et les communautés à se reconstruire.

J'aimerais terminer en empruntant la dernière phrase de la prière qu'A. Bour (1998) a tirée de « lutter autrement», Paris, Nouvelle Cité, 1989 : « Nous te rendons grâce, Ô Père, car pour réconcilier tous les hommes en ton amour, tu nous as fait l'honneur d'avoir besoin de nous. »

Si le lecteur conclut, tout comme moi, que la vie vaut la peine d'être vécue en dépit de tout ce qui peut y être pénible et y être même inhumain, et malgré ce qui peut nous accabler, alors ce livre aura atteint son objectif.

Parce qu'il s'y manifeste aussi la bonté, la générosité, la force, la beauté, et la grandeur dont dispose aussi l'être humain.

Printed by Books on Demand GmbH, Norderstedt / Germany